U0518263

Obliquity

Why Our Goals Are
Best Achieved Indirectly

间接思考的艺术

复杂问题解决法

John Kay

[英] 约翰·凯◎著

符李桃◎译

中信出版集团 | 北京

图书在版编目（CIP）数据

间接思考的艺术：复杂问题解决法／（英）约翰·凯著；符李桃译. -- 北京：中信出版社，2023.7

书名原文：Obliquity：Why Our Goals Are Best Achieved Indirectly

ISBN 978-7-5217-5571-8

Ⅰ．①间… Ⅱ．①约… ②符… Ⅲ．①决策方法
Ⅳ．① C934

中国国家版本馆 CIP 数据核字（2023）第 059544 号

间接思考的艺术——复杂问题解决法

著者： [英]约翰·凯
译者： 符李桃
出版发行：中信出版集团股份有限公司
　　　　（北京市朝阳区东三环北路 27 号嘉铭中心　邮编　100020）
承印者： 宝蕾元仁浩（天津）印刷有限公司

开本：880mm×1230mm 1/32 　印张：6.5 　　　字数：122 千字
版次：2023 年 7 月第 1 版 　　印次：2023 年 7 月第 1 次印刷
京权图字：01-2023-0057 　　　审图号：GS 京（2023）1057 号
书号：ISBN 978-7-5217-5571-8
定价：59.00 元

目 录

本书图表导览 V

前言 VII

第 1 章　间接的方法是实现目标的最佳方式 001

第一部分
迂回的世界

第 2 章　幸福的悖论：
　　　　为什么最幸福的人并未竭力追求幸福 012

第 3 章　利润的悖论：
　　　　为什么业绩最好的公司并非最以利润为导向的公司 018

第 *4* 章　交易的艺术：

　　　　　为什么最富有的人不是物质至上的人　028

第 *5* 章　高层目标、中间目标和具体行动：

　　　　　手段如何帮助我们发现目的　038

第 *6* 章　间接思考无处不在　044

第二部分

为什么很多问题
通常无法直接解决？

第 *7* 章　渐进调试：

　　　　　为什么间接的方法会通向成功？　056

第 *8* 章　多元主义：

　　　　　为什么问题的答案不止一个？　065

第 *9* 章　相互作用：

　　　　　事情的结果取决于我们为什么做它　077

第 *10* 章　复杂性：

　　　　　这个世界不存在所谓的直接　085

第_11_章　不完整性：
我们对问题的本质知之甚少 095

第_12_章　抽象性：
模型是对现实不完美的描述 102

第三部分
迂回的应对之道

第_13_章　历史是摇曳之灯：
为什么人们经常根据结果评判过程？ 112

第_14_章　斯托克代尔悖论：
为什么选择总是比想象的少？ 120

第_15_章　刺猬和狐狸：
好的决策者会承认自己所知有限 125

第_16_章　盲眼钟表匠：
进化比你更聪明 132

第_17_章　贝克汉姆的射门：
意会胜于言传 137

第18章　无法设计的制度：

为什么无法达到全知却可以实现复杂的成果？　144

第19章　"那好，我就自相矛盾吧"：

为什么因时制宜比前后一致更重要？　150

第20章　墙头草式的决策依据：

虚假的理性带来理性的缺失　157

结论

第21章　间接思考的艺术　166

致谢　175

参考文献　177

注释　189

本书图表导览

图 1.1 中美洲——直接穿越与迂回穿越 /004

图 1.2 勒·柯布西耶设计的马赛公寓 /005

图 1.3 巴黎圣母院 /006

图 6.1 《野兔》，阿尔布雷特·丢勒（英国买家） /047

图 6.2 《公鸡》，巴勃罗·毕加索（私人收藏 / 詹姆斯·古德曼画廊，
纽约，美国 / 布里奇曼） /048

图 6.3 狗狗跑的里程共计多长？——直接与迂回的解法 /050

表 7.1 我们面对的问题 /063

图 8.1 评估人类发展 /069

图 9.1 救护车响应 /083

图 11.1 一鸟在手？ /098

图 11.2 沃森实验的第一部分和第二部分（图片来源：鲍勃·巴尔卡尼、
胡安·席尔瓦、DAJ、Image Source） /099

图 12.1 不同地图对应不同需求 /103

表 13.1 直接决策与迂回决策 /118

前 言

———

　　有十多年的时间，我经营着自己创办的经济咨询公司，公司的主要收入来源是向大型企业客户销售模型。突然有一天，我不禁问自己：如果这些模型有用，为什么我们不建立相似的模型来改善自己的决策呢？这时候我才意识到，客户其实也没有利用模型来进行决策，只是要用这些模型对内对外证实已有决策的合理性。

　　这种做法我现在称为"富兰克林开局法"，这个说法取自博学多才的本杰明·富兰克林。他说过："要成为理性的人是再方便不过的事情，因为只要是想做的事情，都能找到理由。"[1]富兰克林关于事后之见理性化的观点很重要，不仅因为他的智慧广为人知，还因为第10章会谈论到的，他被视作"科学决策"的奠基人。

当然，我们私下认为客户很愚蠢，所以才没有用我们的模型。但是我们自己也没有用，却没有觉得自己愚蠢。有几次电子表格分析确实帮我们解决了一些和企业融资相关的问题，但仅此而已。

和很多经济学家一样，那时候我们认为如果模型无法描述世界，那么问题在于世界而非模型。不过，也不只是经济学家会有这种错误的想法。政治家、投资者、银行家、企业家总是认为，虽然他们没有用理性决策的标准模式来解决问题，但他们坚持认为应该这么做。因此，对他人、对自己，他们都要伪装出一个合理的决策过程。

我最终逃离了自己质疑的行业，至今已有多年。在此期间，我亲眼见证了富兰克林开局法在政治和商业领域、在伊拉克和华尔街被误用而带来的灾难。那些想要为一切事情找理由的人，找到了理由，也犯下了错误。

这些政策和预测上的失败得到了关注，也让很多经济学家和社会科学家开始研究，那些没有选择经济学家眼中的理性模型的人实际上在做什么。畅销书《怪诞行为学》（*Predictably Irrational*）就是一例。[2] 这本书的书名犯了我和我的同事当年在私底下贬低客户时所犯的同样的错误。如果人们的非理性可以预测，也许他们就不是非理性的：问题可能不在于这个世界，而在于我们对理性的理解。也许我们要换一种视角思考如何决策，如何解决问题，也许我们需要认识到迂回的普遍性和必然性。

迂回（obliquity）的说法最早由诺贝尔奖获得者、苏格兰药理学家詹姆斯·布莱克爵士提出。本书第 3 章会讨论他对 ICI（英国帝国化学工业集团）的贡献。为了核实那段历史，我采访了布莱克爵士，问他为何离开 ICI，入职了另一家英国制药公司史克必成（后来与葛兰素威康合并成为葛兰素史克）。在史克必成，他有了另一项重大制药发现——善胃得，它不仅为公司带来了新的市场，后来还成为世界上最畅销的处方药之一。

布莱克也许创造了英国二战后商业领域最大的股东价值，但是，他的动机来自化学研究而不是企业利润。他告诉我，离开 ICI 是因为他的兴趣在于推动研究，而不是营销新药。"我和（ICI 的）同事说过，如果追求利润，有更多比药物研究简单的途径。我错得有多离谱！"他接着说，"我把这个称作迂回原则，目标通常是在无意中达成的。"

本书英文版出版的两天前，布莱克先生与世长辞。我想把这本书献给这位聪慧而谦逊的英国科学家。

间接的方法是实现目标的
最佳方式

幸福是对所有行为准则的检验，是人生的终极目标。这是我从未动摇过的信念。不过我现在认为，要想实现这个目标，首先要放弃将其作为目标。只有将心思放在个人幸福之外的其他事情，比如他人的福祉、人类的进步或艺术等其他追求上，将这些作为目标而非追求幸福的手段，人们才能感到幸福（我眼中的幸福）。以其他事情为目标，在追求目标的过程中找到幸福。

——约翰·穆勒《约翰·穆勒自传》[3]

高瞻远瞩公司追求一组目标，赚钱只是目标之一，而且不见得是最重要的目标。不错，它们都追求利润，但是它们同样为一种核心理念所指引，这种理念包括核心价值和超越只知赚钱的使命感。但有趣的是，高瞻远瞩公司要比纯粹以赢利为目标的对照公司赚钱更多。

——吉姆·柯林斯、杰里·波勒斯《基业长青》[4]

在这种场合，像在其他许多场合一样，他受一只看不见的手的指导，去尽力达到一个并非他本意想要达到的目的。通过追求自己的利益，相较于真正出于本意的情况，他往往能更有效地促进社会的利益。

——亚当·斯密《国富论》[5]

所有真相需委婉道来。成功在迂回之中。

——艾米莉·狄金森[6]

大西洋与太平洋被美洲大陆分隔，一个在东，一个在西。巴拿马运河沿着横跨美洲大陆的最短路径开凿。如果你从大西洋沿岸的科隆港出发，行进30英里[①]就能到达太平洋沿岸的巴尔博亚港，最佳路线是，向西而行的船只要先往东南方向航行一段距离。如果由东向西沿"最短的"直线穿越尼加拉瓜，距离反而更长。

找到这条路线的航海队伍并不是在寻找通向西方的路线，也不是在寻找海洋。英国诗人济慈在诗中写道：

……科尔特斯睁大鹰目，

俯瞰着太平洋——而众兵丁

---

① 1英里 ≈ 1.61 千米。——编者注

面面相觑，充满了惊疑，

肃然，立在达连山的峰顶。[7]

第一个看见太平洋的欧洲人其实是巴尔沃亚，不是科尔特斯。不过济慈还是说出了关键，通往海洋的道路不是寻找海洋的探险家发现的，而是由寻找金银矿的淘金者发现的。道路是迂回的，发现正确道路的方法也是迂回的。

相较于政治、商业或生活中的大部分问题，寻找横跨美洲大陆的最佳路线也许更简单一些。毕竟，地理条件的信息已经非常全面，而且没有太大变化。当然，如果北冰洋温度上升，西北水道通航，往来于大西洋和太平洋之间的船只就可以不经过运河。

但在此之前，最佳路线仍旧是巴拿马运河。船只向东走其实是为了更快到达西边的目的地，成本也更低。这是一条迂回的路线。迂回指的是以间接方式实现复杂目标的过程。

总体而言，采用迂回的策略其实是认识到了复杂目标未被明确定义，而且包含很多可能不相容或者看似不相容的要素，人们需要通过实验与探索来发现目标的本质和实现目标的方法。迂回的策略时常以退为进。吸引了科尔特斯（或巴尔沃亚）的所有探险活动都是如此，他们应对的问题是在被解开之后才显露出本质的，很多伟人的事迹也是如此。

图 1.1 中美洲——直接穿越与迂回穿越

注：本书插图系原书插图。

20 世纪，技术发展将建筑师从传统观念和过往经验中解放出来。某些建筑师觉得已经可以抛弃迂回理念，即对传统的理念和规定进行逐步修改。他们更喜欢从第一性原理出发，相信直接可以取代迂回。他们的图纸上出现了越来越多的直线。

在 20 世纪，人们希望一个无所不知的规划者的理性设计能够取代从适应和发现过程中获得的实践知识。这种愿望充斥着各种领域，一般被称为现代主义。[8]

1972 年 7 月 15 日下午 3 点 32 分，随着拆迁公司引燃导火索，位于美国密苏里州圣路易斯市的普鲁 – 伊戈公寓轰然倒塌。[9] 建筑评论家查尔斯·詹克斯宣称,这一刻是设计现代主义的终结。不到 20 年前,这个方案因其前卫大胆的建筑理念受到诸多关注。这种塔式公寓大楼高度体现了勒·柯布西耶所说的"房屋是居住的机器"。[10] 勒·柯布西耶自己就在法国马赛设计了第一批这样的公寓大楼。[11] 马赛公寓是他个人构想的产物,每一处细节都经过精心设计。

图 1.2　勒·柯布西耶设计的马赛公寓

然而，现代主义设计师的所想远远超出其所知。房屋不仅仅是居住的机器。房屋不会自然就成为家。家的功能是多重的：建筑物的效用不仅取决于设计，还取决于住在里面的人的互动。普鲁－伊戈公寓的住户生活在彼此疏离的环境中，因为建筑的设计没有考虑迂回、偶发的社交活动。住户不喜欢这里，他们讨厌自己的公寓，公共区域更是被住户弄得一团糟。住宅以实用性为设计初衷，却被证明并不实用。

图 1.3　巴黎圣母院

　　在迂回理念中，人们对"家""社区"的期待有很多元素，我们永远无法一一阐明。但是在有限的理解中，人们发现这些元素往往并不兼容，而且会不断变化。房屋和住户的关系或者一个社区中人们的关系非常复杂，充满不确定性。过往出现的问题以及当下正在产生的问题都在指引着求索的方向。不少人为寻找答案做出了贡献，但哪怕这些答案在现实中已经得以应用，他们仍未能彻底解释清楚答案从何而来。正因如此，巴黎圣母院历经数个世纪才得以完工。

迈克尔·哈默与詹姆斯·钱匹的作品《企业再造》是20世纪90年代最畅销的商业著作。两人在企业改革的抱负上和勒·柯布西耶一样激进：

在我们看来，这些理念对当今商界的意义相当于过去两个世纪亚当·斯密对企业家和管理者的意义。（企业再造）就是提出这样一个问题："如果我能够重新改造这家公司，以我目前的知识和当前的技术，这种改造的结果会是什么样子的？"企业再造就是完全抛弃旧系统，一切推倒重来。也就意味着要回到起点，重新创造一个更好的模式。[12]

以再造替代适应与发现，选择直接而不是迂回。

1901年，列宁撰写的《怎么办？》体现了对这种直接方法的需求。[13]在还未成为苏联领导人之前他就指出，只有通过紧密团结、目标一致的革命干部落实行动，才能实现政治与经济改革。虽然勒·柯布西耶、哈默、钱匹和列宁的政治立场不一致，但是他们一定对列宁的说法感到由衷地认同。这个理念的本质也是"再造"。

这个理念是由清晰而理智的头脑构思的，仅仅考虑人类世界的真理，但忽视了所有现行的规则、实际用途以及渠道。[14]

在读到此类文章的时候，我总是会想到波尔布特，他在红色高棉统治柬埔寨后宣布从零年开始纪年，一切重新开始。（两个世纪前，法国大革命的领导人也有同样的举措。）随之而来的都是恐怖的统治时期。

哈默和钱匹不是坏人，也许他们要表达的真实意思并不像书中所说的那样。企业再造应该是一种思想实验，是对当前实践的相关性提出问题，而不是字面上的完全抛弃。不过，列宁和勒·柯布西耶的表述倒是非常真切。他们认为的理性的最高境界，"清晰而理智的头脑"其实并不理性，因为那都是基于对世界的过度简化甚至是误解。我们所处的社会、商业和自然环境正随着我们与它们的互动而不断变化。我们对复杂环境的理解必然是零碎的、不完善的。因此，我们追求的目标也必然要通过迂回而非直接的方式实现。

本书分为三部分。第一部分（第 2 章至第 6 章）会阐述工作与生活中迂回的作用。幸福不是通过对幸福的追求而获得的。盈利丰厚的企业不是以利润为根本目标的企业。最富有的人不是一味地追求财富的人。最伟大的画作不是栩栩如生地再现现实的作品。最能抵御火灾的森林不是林务员灭火最成功的森林。

第二部分（第 7 章至第 12 章）将阐述直接方法无法解决问题的诸多因素，说明迂回的必要性。目标通常只能被宽泛地描述，而且包含不兼容或不可测量的要素。我们行为的结果取决于他人的反应，而这些反应不仅来自行为本身，也来自对行为人动机的理解。人们无法完全认识自己所面对的系统。极少数问题能被完整地描述，应对问题的环境总是包含不确定性。

第三部分（第 13 章至第 20 章）阐述了如何以迂回的方式应对问题，进行决策。在迂回的思维中，意图和结果之间不存在可预测的联系。拥有迂回思维的问题解决者不会评估所有可用的替代方案，而是从有限的范围内不断地做出选择。有效的决策者之所以与众不同，与其说是因为他们知识丰富，不如说是因为他们对知识的局限性有充分的认识。解决问题的过程是迭代和适应的过程。优秀的决策者不会通过提供令人信服的理由来说明他们是如何得出结论的。最复杂的系统是在没有人了解整体的情况下产生并发挥作用的。优秀的决策者不拘一格，往往会将一致性视为固执或意识形态盲目性的特征，而不是美德。理性不是由良好的程序来定义的；非理性在于坚持那些显然行不通的方法和行动——包括那些打着"理性"幌子的方法和行动。

迂回的世界

第 2 章

幸福的悖论：
为什么最幸福的人并未竭力追求幸福

1980 年，莱茵霍尔德·梅斯纳尔完成了登山史上的壮举。只身一人，无氧攀登，他从更为艰险的北坡登顶珠穆朗玛峰。他写道："我几乎难以前行……感觉不到绝望，感觉不到幸福，感觉不到焦虑。我失去了感受，或者说，我没有感受。我只有意志。" 15

梅斯纳尔的目标有很多——从地球的最高点俯瞰世界，完成艰险的攀登任务，获得名声和满足感。他在忍受痛苦中追寻幸福，他选择了最困难的路线，他放弃了让攀登更安全、让成功更简单的工具。在前行的道路上，他给自己设置障碍，然后克服障碍，以迂回的方式完成自己的目标（暂且不论目标到底是什么，我们不知道，他当时可能也不知道）。

高海拔攀登非常危险，对体能要求极高。一旦踏上征程，就必须面对刺骨的寒冷和缺氧的不适，头晕目眩更是家常便饭。但如果你问登山者为什么坚持要去，他们通常会引用乔治·马洛里（1924年于珠峰丧生）那句令人费解的回答："因为山就在那里。"[16]如果你继续追问，他们可能会多些解释，大致可以归结为追求个人价值、声望或成就感。

人们在可以选择舒适的时候却去进行了非常不舒适的活动，登山就是一个极端的例子。不过也有很多其他例子。常见的休闲活动都需要消耗体力。草坪上经常有男男女女追着一个球到处跑，直到累得站不起来。通往幸福的道路是迂回的。人们让自己去感受寒冷、潮湿、筋疲力尽。我们登上山顶再下山回家，我们游到深海再回身上岸，我们疯狂奔跑直到双腿失去力气。决定幸福感的因素就是这么复杂。

心理学家米哈里·契克森米哈赖将人们在高难度活动中体验到的感觉称为"心流"，即"在面对能力范围内的挑战时，将个人技能充分投入其中所获得的忘我的感受"。[17]人们通常会在工作中感受到"心流"。比如，我的心流体验往往发生在进行得比较顺利的讲座或研讨会上，听众们鸦雀无声地期待着我的下一句话。再比如，我在写作时也能体会到心流，文字似乎流淌而出。但是，也有很多心流体验发生在休闲活动中，比如冲浪、打球，还有作曲、雕塑等活动：这些活动的唯一目的就是活动本身。

体验心流状态的人不会说自己很幸福。契克森米哈赖在实验中要求受试者定期汇报自己的精神状态，他们表示，与朋友社交时的幸福感比心流状态的幸福感更明显。也许，处于心流状态的人忙得顾不上感受幸福吧。但是心流体验似乎对长远的幸福感有利。或许正因如此，马洛里才回到群山之中，直至离世。

契克森米哈赖指出，许多人将心流体验描述为"人生中最精彩的时刻"。如果他说得对——大多数读者也肯定了他所描述的感觉，那么通过迂回且看似徒劳的方式寻求幸福就没有错。这些经历平时很难与幸福感联系在一起，它们却让人获得了更大的幸福感。

人们可能会觉得困惑，到底什么事情能让自己感到幸福？[18]你有没有给婴儿换过尿布，或者安抚发脾气的熊孩子？有过这些经历的人会觉得照顾孩子是通往幸福的迂回道路。契克森米哈赖指出，人们在工作时比在照顾孩子时的幸福感更高。研究人员也发现，当孩子离家之后，父母的幸福感会显著上升。[19]但是，很多人也表示，养育孩子是人生中最美好的经历。

不排除一种可能，那就是社会舆论一向赞颂养育孩子，父母迫于压力，不得不违背内心真实的感受，宣称孩子令自己感到幸福。但更可能的解释是，那些说养育孩子让自己觉得非常幸福的人说的是真话。当这些人说和孩子在一起的大部分时间并不幸福时，他们说的也是真话。梅斯纳尔等登山者可不会说严寒、缺氧、受伤甚至面临死亡的风险会让他们感到幸福。他们证实了一个常识性假设，即这样的经历是不愉快的。但是，历尽艰难、登上顶峰却能让他们拥有巨大的幸福感。这并不矛盾，因为幸福感并不是幸福时刻的叠加。

人们拥有创造幸福时刻的方法，或者至少是在当下幸福一点儿。有些人会服用百忧解抵抗抑郁，有些人会通过某些药物、赌博或者性爱获得短暂的欢愉。这种生活方式在英国作家奥尔德斯·赫胥黎的作品《美丽新世界》中遭到了嘲讽。[20] 这本书虚构出一个未来世界，在那里，学习的目的在于让人们相信自己是幸福的，而一种叫 soma 的药物会消除人的所有负面情绪。随着现代科学的发展，我们对幸福或不幸福时大脑中的化学反应的了解越来越多，赫胥黎的 soma 不再是文学作品中的想象。

但是，那些以这种方式追求幸福的人真的感受到幸福了吗？哲学家罗伯特·诺齐克在一个思想实验中假设出一种体验机器，它不仅能让使用者创造出任何想要的感受，还能让使用者忘记自己正在与机器相连。[21] 但是，诺齐克认为，人们可能并不想接入这样的机器。在他看来，迂回是通向幸福的最佳路线，也是唯一的路线，而且他认为大多数人都持同样的观点。

奥斯卡·王尔德笔下的道林·格雷就想感受这种体验机器："一个能主宰自己的人可以随时终结自己的悲伤，正如他可以制造任何一种情绪一样。我不想受情绪的摆布。我要利用情绪，享受情绪，主宰情绪。"[22] 小说《道林·格雷的画像》是对浮士德式主题的探索，即以灵魂交换眼前的欢愉。这一主题经久不衰，恰好表达了人们时常为了追求自己想要的东西而忽视了自己真正的目的。

幸福无法通过不断重复愉悦的体验而获得，既然如此，何来"追求幸福"？我们很容易理解美国的开国元勋们选择用一种谨慎的措辞来描述他们的愿望。美国公民拥有生命权和自由权，但如果"幸福"也被定义为一种权利，那就未免有些狂妄了。追求幸福并不是获得幸福的最佳方式，那些追求幸福的人可能误解了幸福的本质。

追求幸福困难重重，首先就难在我们不知道追求的是什么。威尔·史密斯主演的温情电影《当幸福来敲门》[23] 讲述了主人公加德纳白手起家，走向人生巅峰的故事。故事取材于非洲裔美国商人克里斯·加德纳的经历。[24] 他通过自己的努力摆脱了流浪街头的命运，先后在迪恩威特证券和贝尔斯登公司担任证券交易员，最终成立了自己的证券公司。对加德纳而言，追求幸福的开端是他看到医院停车场里红色法拉利中坐着一位股票交易员。从那时起，野心和驱动力把他带到了顶峰。他后来也买了一辆红色法拉利。

这个故事与其说是讨论幸福，不如说是讨论美国现代生活和价值观。幸福并不是红色法拉利。在发达国家，人们的整体幸福感水平长期以来都比较稳定，并没有随着人均收入水平的提高而明显提高。在像尼日利亚这样的贫困国家，人们的幸福感水平也没有显著低于美国或西欧国家。虽然幸福感不会随着国家人均收入的增加而显著上升，但是高收入家庭的幸福感还是明显高于贫困家庭的幸福感——这就是红色法拉利的诱惑。

幸福感取决于个人，而不是客观境况。很多重度残疾人士认为自己很幸福。截瘫患者的幸福感水平比人们想象的要高得多。在逆境中生存，从逆境中崛起，正是人类适应能力卓越的证明。[25]

横穿美洲最短的路线是由淘金者发现的，而不是海洋探险家。通向幸福的道路就像发现新大陆的过程一样，通常是蜿蜒曲折的。幸福无法通过苦苦追寻得来。

第 3 章

利润的悖论：
为什么业绩最好的公司并非最以利润为导向的公司

在 20 世纪很长一段时间里，ICI 是英国规模最大且最成功的制造业公司。1990 年，ICI 的商业目标如下：

ICI 致力于成为世界顶尖的化工公司，通过创新且负责任地应用化学及相关科学为全球客户服务。

在实现目标的过程中，我们将为股东、员工、客户以及公司所服务和经营的地区增加财富和福祉。[26]

根据对"负责任地应用化学"的不同解读，ICI 的业务在几十年里不断演变。公司从传统优势领域染料和炸药生产转向了新领域——工业原料和农业肥料，二战之后则转向了制药。

不过这一战略决策迟迟未能带来回报。制药部门一直在消耗公司的资源，直到 20 世纪 60 年代，β 受体阻滞剂的发现促使公司开发出了第一种有效治疗高血压的药物。随之而来的是更多的研发成果，在之后的 20 年里，制药业务成为公司的增长引擎。

ICI 的研发能力也为其他公司的发展培养了人才。比如，诺贝尔奖获得者、苏格兰药理学家詹姆斯·布莱克（也是 β 受体阻滞剂背后的大功臣）因为不满 ICI 过分看重利润轻视科学，离职后去了另一家制药公司史克必成。在那里，他发现了新的用于治疗溃疡的阻断药物善胃得，提升了公司的盈利能力，为公司带来了巨大的成功。ICI 进入制药领域，英国一步一步成为全球制药强国，这可能是二战后英国最伟大的商业成就。

1991 年，擅长掠夺性收购的汉森信托有限公司购买了 ICI 的一小部分股份。虽然这对公司独立性的威胁并不持久，但是影响却非常惊人。直接原则成为 ICI 的准则。ICI 重组业务，将其制药板块拆分出来，成立了上市公司捷利康。ICI 为剩余业务重新打造了企业使命：ICI 集团的愿景是通过市场领导力、技术优势以及具有全球竞争力的定价成为为客户与股东创造价值的行业领导者。[27]

ICI 启动了一系列收购与出售计划，但在各方面均以失败告终，也未能给股东创造价值。1997 年，在公司宣布新战略几个月后，股价达到最高点，然后就迎来了无情的下跌。2007 年，

ICI被收购，独立地位被终止。相比之下，"负责任地应用化学"带来的不仅是更好的经营，而且创造了更大的价值。

20世纪90年代初，我在伦敦商学院讲授战略管理课程，当时我告诉学生，正是波音公司高度专注于民用航空市场，它才成了全球商界的领袖。正如ICI一度致力于化学领域的发展一样，波音公司在民航领域有着同样的执着与专注。比尔·艾伦在1945年至1968年担任波音公司首席执行官，他说过，自己和同事的奋斗精神就是"吃饭、睡觉、呼吸都在航空的世界里"。[28]

在艾伦担任首席执行官期间，波音公司开发了737机型。波音737是历史上最成功的民用飞机，全球有近4 000架。不过，波音公司规模最大且风险最高的项目是747大型喷气式客机，当时一名非执行董事询问预期回报的细节，却得到一通模糊的回答：已经进行了某些研究，但相关经理不记得结果了。[29] 到了20世纪90年代早期，波音公司在全球民航市场几乎占据了绝对的主导地位，成为最成功的商用飞机制造公司。它的成功不是因为对利益的追逐，而是因为对飞机的执着。迂回的盈利方式带来了惊人的成果。

我曾认为波音公司在民航领域的地位牢不可破。然而，不过10年，我的论断就被颠覆了。波音公司在并购了美国市场的主要竞争对手麦克唐纳-道格拉斯公司后，企业文化开始发生重大转向。新的首席执行官菲尔·康迪特认为，公司之前专注于应对"高

难度技术挑战"的做法需要改变。[30] 直接替代了迂回。公司宣称:
"我们已经进入基于价值的环境,即以单位成本、投资回报、股东回报为评判标准。这是一个很大的转变。"[31] 公司高管同意将总部迁往芝加哥,拍卖西雅图生产基地的总部大楼。在新的运营模式中,公司以更严苛的眼光审核高风险的民用航空项目,并做出战略决策,将公司资源向低财务风险的美国军方项目倾斜。芝加哥离华盛顿很近,对政府资金可谓近水楼台。

如此一来,波音公司在民用飞机领域的订单落后于欧洲飞机制造商空中客车公司。空中客车公司最初的目标也不是盈利,但在迂回的巧合中,这家欧洲大公司在商业方面获得了成功。波音公司与美国军方搞好关系的战略适得其反:因与五角大楼交往过密,公司开始面临多项腐败指控。[32] 在单位成本、投资回报、股东回报等方面,市场又给出了怎样的反馈呢?在康迪特接手之后,波音公司的股价一度从每股 32 美元升至 59 美元,实现了他对股东的承诺;但到 2003 年 12 月他被迫辞职时,公司的股价已经跌至每股 34 美元。

康迪特的接班人开始将重心转回民用航空领域。波音 777 机型获得成功,波音 787 梦想客机似乎也比同是超大型客机的空中客车 380 更适应未来的发展需求。2008 年,波音终于从空中客车手中夺回了商用航空领域的领先地位,股价也恢复到早期的水平。无论是波音还是 ICI,公司总是在采用迂回战略的时期为股东创造了更大的价值。

逐利的悖论和幸福的悖论很相似，都说明了迂回的力量。无论是同一企业在不同时期的发展，抑或同一行业中不同企业的发展，都证明了这一点。吉姆·柯林斯和杰里·波勒斯在《基业长青》中将拥有同类业务的企业进行匹配，比较卓越企业（"高瞻远瞩"）与一般企业的情况。默克公司和辉瑞公司就是一个比较案例。默克创始人乔治·默克有着迂回的理念："我们一定不要忘记制药是为了人，不是为了利润。谨记这一点，利润会随之而来，而且过去的经历也印证了这一点，我们越将这一点铭记在心，随之而来的利润表现就越好。"[33] 而曾任辉瑞公司首席执行官的约翰·麦基恩的理念则非常直接："我们的目标是竭尽所能，从每一项工作中获取利润。"[34]

《基业长青》于 1994 年出版，15 年后，柯林斯在新书《再造卓越》中回顾了默克公司的故事："在 1995 年致股东的信中，默克公司董事长兼首席执行官雷·吉尔马丁阐述了公司的首要商业目标——成为顶尖的成长型公司。"在 2000 年的公司年报中，董事长直截了当地表示："作为一家企业，默克完全专注于增长。"[35]

默克公司的转向并没有带来理想的结果。在 20 世纪 90 年代末，默克和辉瑞都向市场推出了一种叫 COX-2 抑制剂的新型药物。这是一种强效镇痛药物，对无法适应阿司匹林等传统抗炎药物的患者来说，该抑制剂非常有用。如果希望营收出现显著增长，那就要把该抑制剂推向大众市场，但是市面有很多同类的平价药也很有效。

有一小部分患者在使用了默克的止痛药万络后，心脏不适加剧。负面报道出来之后，默克未能及时做出反应，拖延许久才将万络撤出市场，同时面临着来自全球患者的巨额赔偿诉讼，这些人认为默克对药物的营销宣传让他们成为受害者。默克跌出了《财富》杂志"全球最受尊敬公司"榜单，在此之前，默克一直在该榜单占据显著位置。[36]

今天，为股东创造最大价值的制药公司是强生。其迂回的经营理念体现在著名的"强生信条"中。强生家族的罗伯特·强生于1943年提出这一信条，他在公司担任董事长长达30年。信条开篇就写道："我们相信我们首先要对患者、医生和护士，对父母亲以及所有使用我们产品和接受我们服务的人负责。"信条结尾写道："如果我们依照这些原则进行经营，股东就会获得合理的回报。"[37]强生公司的发展历程似乎也印证了罗伯特·强生的信念。

索尼公司在其创立宣言中关于盈利的迂回理念更加大胆："我们将消除任何不正当的盈利行为。"[38]柯林斯和波勒斯对比了惠普公司和德州仪器公司、宝洁公司和高露洁公司、万豪国际酒店集团和豪生国际酒店集团，得到了一致的结论：企业在目标宣言中越是看重盈利，财务报表中的盈利越低。

有很多类似案例都能证明迂回优于直接。1998年，当时全球最大的零售银行花旗银行与旅行者集团合并，成立花旗集团。原旅行者集团首席执行官桑迪·威尔意气风发，野心勃勃，而原花旗银行首席执行官约翰·里德比较沉着理性。两人在花旗集团成立伊始共同担任首席执行官。不过，两人的紧张关系早就显露无遗，尤其是在对公司的发展愿景上。在一次访谈中，里德表示："我心中的模式是建立全球性的消费企业，向一直以来未得到充分重视的中产阶级提供帮助。这是我的愿景。我的梦想。"桑迪·威尔插话道："我的目标就是增加股东价值。"[39] 说着瞥了一眼不远处计算机显示器上花旗集团股票的走势。

没过多久，威尔就完全接手了里德的工作。随后，花旗集团开始出现很多负面新闻。到了2002年，备受打击的威尔说："我们必须怀有更宏大的目标，而不是仅仅盯着利润。"[40] 没过多久，威尔卸任，律师查克·普林斯接班，他的任务就是恢复花旗集团的声誉。

然而，针对公司的指控依然没有停止，随之而来的是一场市场灾难。2007年，信贷扩张愈加疯狂，普林斯在《金融时报》的采访中说："只要音乐没停，你就得继续跳舞。我们的舞步还没有停。"[41] 一个月后，音乐戛然而止。普林斯很快丢了工作。2008年金融危机爆发，花旗集团最后依靠政府救济才勉强生存下来。"强强联合"不到10年，花旗集团的股东价值被折腾得所剩无几。

当代哲学家阿拉斯代尔·麦金泰尔对比了需要精心设计和计划的专业捕鱼队与经过几代传承,使用传统捕鱼方法的渔船队伍。对捕鱼队来说:

捕鱼队是以生产为目的被组织起来的一种纯粹的技术和经济手段,其唯一或最重要的目标是尽可能地满足一些市场对鱼类的需求,并获取利润。……管理者所看重的团队成员的技能,甚至性格品质,都以实现更高的利润为标准。队伍中的每一位成员也会看重自身或其他成员身上的同类品质,因为这种品质能给自己带来更高水平的回报。

这种组织形式会让桑迪·威尔非常安心,至少他在担任捕鱼队队长的时候希望如此。但是,麦金泰尔更欣赏传统的渔船队伍。

试想一下,团队中的成员一开始可能是为了工资或者渔获份额而加入的,但是他们逐渐从团队其他成员身上获得对捕鱼更深层次的理解,掌握更精湛的技术,拥有了在团队中发挥个人价值的热忱。……这种成员之间相互依赖的关系以及美德的培养将会扩展到成员的家庭,乃至整个渔村。[42]

麦金泰尔认为，前一种捕鱼组织会有更多渔获。但确实如此吗？企业如果能在完全不同且不可比较的价值观与愿景之间实现平衡，这样难道不会更好地实现多重目标吗？哈佛商学院给我们提供了很好的案例。Prelude 公司曾经是北美最大的龙虾供应商，公司希望将现代管理理念应用到捕鱼业中。哈佛商学院的案例分析援引了该公司总裁约瑟夫·加奇诺的话：

当前的捕鱼业就像 60 年前的汽车行业：100 家公司来来去去，但我们会成为通用汽车公司。……海上捕鱼所需的技术和资金如此之多，小门小户难以生存下去。[43]

但是在案例撰写后不久，Prelude 公司就破产了。显而易见，答案就在麦金泰尔的对比中。渔获不能靠生产，得出海捕捞。捕鱼组织的成功有赖于成员的天赋、技能与主动性，但这些无法被有效监督。所以，当一个捕鱼组织的成员能真正投入工作，能够"从团队其他成员身上获得对捕鱼更深层次的理解，掌握更精湛的技术"，而不是"尽可能地满足一些市场对鱼类的需求，并获取利润"时，这个捕鱼组织会有更丰厚的渔获。[44] 其实，麦金泰尔对比中的第二种捕鱼组织能维系更长远的发展。

乔治·默克和罗伯特·强生创造了伟大的企业，为股东带来了巨额财富。当 ICI "负责任地应用化学及相关科学为全球客户服务"时，当波音公司上下"吃饭、睡觉、呼吸都在航空的世界里"时，公司获得了更好的发展，也赚取了更高的利润，在强调利润最大化或者以盈利为核心目标期间，公司反倒没有实现愿景。

不过本章的最佳总结来自杰克·韦尔奇。韦尔奇在 1981 年至 2000 年担任通用汽车公司首席执行官。在美国，他不但是最受尊敬的商人，也是华尔街的宠儿。在他任职期间，通用汽车的市值攀升幅度创下股东价值的历史。退休 10 年后，韦尔奇在《金融时报》的采访中说："股东价值是全世界最愚蠢的概念。"[45]不久之后，他又向《商业周刊》阐述了自己的见解：

领导者及其团队短期的任务是实现承诺，长期的任务是投资于企业的健康发展。……员工会受益于就业保障、良性激励。客户会受益于更好的产品或服务。社区也会受益，因为成功的企业和出色的员工会回馈社会。很显然，股东也会受益，因为既能兑现短期承诺又能实现长远发展的企业永远值得信赖。[46]

通向利润的道路也是迂回的。

第 4 章

交易的艺术：
为什么最富有的人不是物质至上的人

约翰·戴维森·洛克菲勒已经去世 70 多年了，人们依旧无法理解，到底是什么动机让他在成为世界首富的同时又成了最伟大的慈善家。

我相信，赚钱的能力也是一种天赋，就像在艺术、音乐、文学、医护等不同领域的天赋一样，需要得到拓展、发挥，造福人类社会。既然我拥有了赚钱的天赋，那么我相信我的职责就是不断赚钱，并凭着个人的良知利用获得的财富为人类做出贡献。[47]

与洛克菲勒同时代的钢铁业巨头安德鲁·卡内基出生于苏格

兰，以与创造财富同等坚定的决心贡献了自己的财富。他的一句"死时富有，死也蒙羞"广为流传。[48]

亨利·福特建立了福特汽车公司，他对汽车抱有一腔热情，也迫切期望汽车能够进入大众市场。有一次，他被公司股东起诉，要求公司分配更多的红利。股东们赢得了官司。作为公司多数股权的持有者，亨利获得了大部分红利，于是他用这些现金买回了少数股权。事后想来，当时心怀不满的股东还是应该低调一点儿。

全球最大的零售商沃尔玛集团的创始人、大股东山姆·沃尔顿一直开着小卡车到处跑，直至去世。他曾回忆说：

我一直专注于尽我所能打造最好的零售公司，别无他心。为自己创造巨额财富从来都不是我的目标。[49]

但是，他确实创造了巨大的个人财富：沃尔顿家族的成员占据着《福布斯》富豪榜的前几名。比尔·盖茨的自传不是非读不可，但是如果你读了就会发现，盖茨最热衷的其实是计算机而不是钱，是精益求精的业务而不是奢华的享受。与卡内基和洛克菲勒一样，盖茨也成了著名的慈善家，全身心地将商界策略应用于慈善事业。

就连唐纳德·特朗普也在他1987年首次出版的自传《特朗普：交易的艺术》中写道："我这么做不是为了钱。我已经赚很多了，也花不完。我就是为了交易本身，交易就是我的艺术。"[50] 特朗普在无意间回应了约翰·穆勒的一番话：他投入"某种艺术或追求，不是将其作为一种手段，而是作为本身"。[51]

无论是洛克菲勒、卡内基，抑或沃尔顿、盖茨，在商业上创造巨大的成功都需要极高的天赋，非凡的努力，以及对商业的热忱和一丝不苟。这些特质和贪婪或物质主义扯不上一点儿关系。人一旦掉进钱眼儿里，就很难不被一夜暴富的计划诱惑，合法也好，非法也罢，总之心思已经不在寻觅真正的商机上了。这些计划一旦失败，大部分时候也的确会失败，这些人的事业很快就会走向终点。所以，即便我们怀疑洛克菲勒说赚钱的能力是一种天赋，即便我们觉得特朗普说"交易就是我的艺术"有些荒谬，这些说法其实也反映了他们是如何看待他们从事的致富活动的。最富有的人并不是最拜金的人，最拜金的人也成不了最富有的人。

其实，通过商业成功获得财富是近现代才成为主流的。在历史上的大多数时期，也包括在当今世界的大部分地区，获得财富的主要方式是政治权力。在这方面最成功的人所追求的是征服和统治，而非物质目标。

全球殖民历史也不乏此类案例。18世纪，英国人多次入侵印度，大多数都出于经济目的，其中最成功的当数罗伯特·克莱武。他在1760年返回英国，获封男爵，拥有的财富超乎想象。但是他很快就回到印度，为东印度公司在孟加拉建立了行政权力。

后来该行政机构腐败猖獗，他遭到猛烈的批判，于 1774 年自杀身亡。

克莱武完全可以从年轻的时候就开始享受手中的财富，但他还是选择回到气候和环境极不适合英国人生活的孟加拉，继续自己的事业。当他建立的行政机构遭到批判时，他站出来极力维护，最终因为不堪忍受抨击而自杀。无论现在看来他当时是不是走错了方向，都可以肯定一点，克莱武肩负的殖民使命不仅是为了财富，也是为了殖民本身。

今天，进行大规模剥削的不是殖民者，而是当地的统治者，如尼日利亚的萨尼·阿巴查和扎伊尔的蒙博托·塞塞·塞科。他们从自己国家的国库中掠夺了数十亿美元。在职业生涯的大部分时间里——甚至直到生命结束前不久，这些人都有机会隐退去过无忧无虑的奢靡生活。我在写这篇文章时，俯瞰着法国里维埃拉田园诗般的半岛——马丁角，蒙博托在那里拥有四栋别墅。但阿巴查和蒙博托都死在了自己的办公室里。他们更喜欢权力的乐趣，而不是享受盗窃的果实。像克莱武一样，他们的首要目标是权力，巨大的财富只是维持这种权力的手段。

往往是偶然获得财富的人，最看重财富带来的物质享受。作家理查德·康尼夫曾试图对超级富豪进行人类学研究，他提供了一个典型案例：

有一天晚上，我在棕榈滩参加一个慈善活动，坐在我身边的女人穿着一件上面有黑色波点的粉红色爱思卡达晚礼裙，丰满的胸部像蜜桃，一头秀发高高盘起。她告诉我，她开的是新款捷豹，在棕榈滩、纽约、汉普顿有好几处房产，这身晚礼裙价值 4 000 美元。几杯红酒下肚，她开始袒露心声，她的钱都来自她的父亲。她的父亲是移民，做橡皮图章生意，生活极其节俭。办公椅坏了，父亲不想花钱买新的，直接用透明胶把椅子坐垫粘了回去。给父亲打工的时候，冬天办公楼的暖气开得很小，她不得不戴上帽子和手套。[52]

对某些人来说，累积财富本身就是目的。在"镀金时代"的美国，最富有的女性叫海蒂·格林。她从父亲那继承了一笔财产，因为精于投资，资产日渐丰厚。有一回，她的儿子摔伤了腿，她带着儿子去慈善机构开办的诊所，然而没有如愿得到治疗，最后，她儿子的腿因为坏死而不得不被截掉。格林对物质享受没有丝毫兴趣，住的房子是小公寓，而且为了避税经常搬家。[53] 吉尼斯世界纪录将她列为全世界最吝啬的人。对她来说，累积财富已经成了一种难以戒掉的瘾。

格林的案例比较极端。阿巴查和蒙博托显然能心安理得地享受自己获得的物质财富。洛克菲勒、卡内基、盖茨、特朗普也没有选择过清苦的生活。不过，山姆·沃尔顿还有他的父亲即便很富有，也比很多人过得更低调。

沃伦·巴菲特在世界富豪榜上长期位居前列。他享受自己的财富，是因为这彰显了他作为投资人的技能，而不是因为财富可以带来物质享受。他的常居之处是50多年前在奥马哈购买的小房子，吃牛排、喝樱桃可乐依旧是他的日常所爱。他在购置公务专机的时候，曾向股东打趣说这是"站不住脚号"，因为这与他的一贯作风背道而驰。不过，几年后他就把这架飞机卖了，买下了业务规模最大的公务机共同所有权公司。

巴菲特的生活方式和经营理念在另一位当代传奇投资人乔治·索罗斯身上也体现得淋漓尽致，而这一切似乎都印证了亚里士多德对米利都的泰勒斯的描述：

……人们总是数落他，因为他说哲学一无是处，哲学让他身无分文。然而，他凭借自己对星象的了解，在冬天就预测到来年的橄榄会大丰收。他用仅有的一小笔钱预订了米利都和希俄斯的所有榨油作坊，确保它们为自己所用。其实成本不算高，因为当时还没有其他人去租。到了橄榄丰收的季节，榨油作坊的需求突然上升，他开始转租，转租价格由他说了算。由此他赚了一大笔钱，从而向大家证明，哲学家只要愿意，就可以致富。只不过，那不是他们的人生目标。[54]

我很喜欢这个故事。过去我常想不通高层管理人员对薪酬的要求为什么那么高，他们可能都不需要那么多钱，花都花不完。上面的故事给了我一点儿启发，高薪在彰显个人重要性上确实必不可少。高管怎么可能放下身段，接受自己在同级别中处于报酬垫底的位置？（但是理论上，总有一部分高管属于拿钱最少的四分之一。）即便是伦敦金融城和华尔街的交易员和银行家——贪婪人性的代名词，也不仅仅看重薪酬的多少，他们同样看重薪酬所体现的社会地位。不然他们又何必在意同事和对手的薪酬是多少呢？

然而，对财富的直接追求，无论是将财富作为目的，还是将其作为获得物质享受的手段，往往都会给个人或组织带来灾难性的后果。巴菲特是个罕见的例外，他以真诚的自嘲回应自己的成功，同时秉持崇高的道德准则。在很多漫画里，成功的商人总是被刻画成咄咄逼人的恶霸，其实这种品行很难成就商业上的成功。特朗普打造并参与了美国真人秀《飞黄腾达》，他在节目中极其乐于自嘲。在英国版《飞黄腾达》中，特朗普的角色换成了艾伦·休格，他反而显得非常严肃。

《飞黄腾达》鼓励参与者表现出利己主义的一面，但在大多数情况下，包括商业场合，这不仅会显得太具攻击性，而且经常适得其反。阿尔·邓拉普就一直热衷于大肆宣扬这种管理风格。在 20 世纪 90 年代，他高调鼓吹股东价值，因此也被称为

"穿条纹衬衫的兰博"。邓拉普的自传《卑鄙的商业》（*Mean Business*）封面是他本人和两条狗。因为他在描述自己的商业理念时说："想交朋友，就养条狗。以防万一，我养了两条。"[55]他的理念毫无迂回（或委婉）可言。他对各种企业运营的观点都嗤之以鼻。在他眼里，企业就是为股东、为他个人不断赚钱的机器。最终，他因会计欺诈、利润操控遭到指控，被迫离开家用电器公司 Sunbeam。公司后来破产，邓拉普支付了 1 500 万美元的罚金和赔偿款才免于被追究民事和刑事责任。[56]

在过去的 20 年里，像邓拉普一样逐利至上而后跌落神坛的故事不在少数。在奥利弗·斯通 1987 年导演的电影《华尔街》中，反英雄角色戈登·盖柯曾说："贪婪是好事。"盖柯的原型来自 20 世纪 80 年代热衷于蓄意收购的伊凡·博斯基。据报道，他曾在哥伦比亚大学的某课堂上说："我希望大家知道，贪婪很好，贪婪的人不用觉得自己很糟糕。"[57]没过多久，他就因内幕交易罪锒铛入狱。

20 世纪 80 年代华尔街利欲熏心的缩影就是所罗门兄弟公司（迈克尔·刘易斯的《说谎者的扑克牌》深刻嘲讽了这家企业）[58]，以及德崇证券（康妮·布鲁克的《垃圾债券之王》深刻解读并抨击了这家公司及其首席执行官迈克尔·米尔肯）[59]。所罗门兄弟公司将证券交易从少人问津变成了金融界最炙手可热的活动；德崇证券则开创了垃圾债券的发行。所罗门兄弟公司贪得无厌的操作耗尽了美国财政部的耐心，最终不得不让沃伦·巴菲特临危受命，力挽狂澜（投资所罗门公司是巴菲特为数不多的失误之一），公司后来被花旗集团并购。德崇证券则在1989年倒闭。

在接下来的10年里，贪婪的代名词被信孚银行接手。该公司向大集团和各地政府出售衍生品，后来因其业务涉嫌欺诈，信誉崩塌，最终被德意志银行收购。到了21世纪，所罗门兄弟公司、德崇证券和信孚银行的衣钵由贝尔斯登公司和雷曼兄弟公司继承。贝尔斯登在2008年破产，靠着美国纳税人的巨额"援助"，被摩根大通收购。2008年9月，雷曼兄弟破产，而首席执行官迪克·富尔德一直在为自己3亿美元的薪酬进行辩护。[60]

在上一章和本章中，我以花旗银行、贝尔斯登、雷曼兄弟，还有所罗门兄弟公司、德崇证券、信孚银行为例，阐述了商业和金融领域因贪婪而导致的大溃败。这些公司有一个共同点，就是组织中的个人获得了大量财富，但是组织的业务却土崩瓦解。

即便没有丰富的金融知识，也能很好地理解这些公司的成功为什么只是昙花一现。崇尚贪婪的企业文化最终会恶化企业与员工的关系。在负面事件发生时，这类企业很难博得大众的同情（政府救场也是为了避免企业崩盘给整体经济发展带来恶劣影响）。

推动商业成功的动机应该是对商业的执着与热忱。这有别于对金钱的热爱，可惜雷曼兄弟没有认识到这一点。"我觉得，雷曼兄弟出事，部分原因在于其文化不利于团队合作……他们（合伙人）把公司的收入以极高的奖金和红利等形式转移到自己手中。"[61] 这并不是 2008 年雷曼兄弟破产之后的评论。这番话来自雷曼兄弟的竞争对手高盛集团的董事长约翰·怀特黑德，他在 1984 年雷曼兄弟内部危机爆发后做出如此评价。[62] 这也能看出为什么高盛集团依然蓬勃发展，雷曼兄弟却土崩瓦解。后者只看重利润，忽视业务本身，最终被其逐利的企业文化反噬。

我们凭借日常经验也知道，虽然贪婪是人类行为的动机之一，但绝对不是主导动机。在社会上，我们受益于陌生人的善意。教师辛勤耕耘，医生救死扶伤。大多数人工作不仅仅是为了物质上的回馈，也是为了在工作中获得满足感，获得朋友与同事的尊重。即便是超级富豪，贪婪也不是他们至关重要的行为动机。对他们来说，金钱是地位的象征，是成就的标志，或者只是追逐权力或商业成功的副产品。有些人在贪婪中不能自拔，最终让自己或自己所在的组织一败涂地。追求财富与追求幸福一样，也是一个迂回的过程，最直接的路径往往通向破产法院——或牢狱生涯。

第 5 章

高层目标、中间目标和具体行动：
手段如何帮助我们发现目的

财富与幸福之间的关系存在诸多不确定性，这个问题从古至今一直萦绕在人们的脑海中。罗马帝国时代的希腊作家普鲁塔克曾描述，克洛伊索斯国王向梭伦展示自己丰富的宝藏，问梭伦自己是不是最幸运的人。梭伦回答，真正幸运的人是正直的雅典人特勒斯，他享受过天伦之乐，为子孙留有财富，又英勇无畏，战死沙场，留下盛名。"一个人的成功在去世之前无法盖棺论定。"[63]

按照普鲁塔克的说法，在世时好好活着，死亡来临时好好离开，两者同样重要。亚里士多德提出了一个概念 eudaimonia（希腊语）。有时候这个词被翻译为幸福，有时候又被翻译为繁荣。两千多年来，亚里士多德的理念以及背后的伦理体系一直影响着人类社会。不过，很多哲学家和心理学家认为，英语中的 happiness（幸福）并不能完全代表亚里士多德所说的eudaimonia。

心理学家丹尼尔·内特尔认为幸福有三级。[64] 第一级是短暂出现的感觉——性爱的欢愉、欣赏日落的喜悦。第二级超越了生理上的感受，是一种心态，比如满足感。心态包含着对情绪的认知与判断，区别于情绪本身。eudaimonia 则是更高级的幸福，是对生命、个人发展、自我实现的衡量。其他作家也提出了类似的分类方法。

认识到这些不同的幸福层级，就能更好地理解前文登山者和父母看似矛盾的言行。登顶珠穆朗玛峰的登山者忍受了极端不适（第一级），完成登山任务会让他获得满足感（第二级），连同其他的一些成就，可能会让他获得充实圆满的人生（第三级）。对很多人来说，为人父母就是最重要的成就（第三级），他们能够在养育子女的过程中不断得到满足感（第二级），而且这个感受超越了育儿过程中短暂的苦闷与欢乐（第一级）的简单叠加。[65]

有一个古老的传说，中世纪一位游客在大教堂里遇到了三位石匠，于是他一一询问他们在干什么。第一位石匠说："我正在切割这块石头。"第二位石匠说："我在建一座教堂。"第三位石匠说："我在为上帝的荣耀而工作。"三位石匠的回答正好体现了三个不同层次的目标。建筑杰作的建造过程就是通过具体行动完成中间目标，从而实现高层目标的。

高层目标、中间目标和具体行动这三个层级适用于很多情况。比如，具体行动往往和瞬间产生的感觉有联系，我们通常会用愉悦、高效、奖励等词语进行描述。中间目标是对状态、成就的描述，我们通常会用财富、福祉等词语进行描述。

高层目标通常是一种成就，比如自我实现、社会发展、企业成功等。对于高层目标，我们通常使用的词语包括成就、伟大、卓越、美德等。中间目标可能是丰厚的积蓄、幸福的家庭或可观的利润。具体行动可能是找到新工作、陪孩子玩耍、推出新产品、缩减劳动力规模等等。

高层目标通常是宽泛的，难以量化，但这并不意味着它们很模糊或者无法实现。对梅斯纳尔或马洛里而言，高层目标就是自我实现。对比尔·艾伦和乔治·默克而言，高层目标就是业务的精进。对巴黎圣母院的建造者来说，高层目标就是建造一座宏伟的教堂。对推动建造巴拿马运河的人来说，高层目标就是改善东西方的航运交通。所有的高层目标都必须转化为中间目标，然后简化为具体行动，才能一一落实，最终实现。比如设计波音747机型，建造一座圣坛，打造一个新的商业活动路线。

在修建巴拿马运河的案例中，高层目标是促进贸易，中间目标是改善大西洋与太平洋港口间的航运，落实到具体行动上就是在中美洲狭窄的地峡建立连接，修建巴拿马运河。在魁北克战役中，高层目标是扩大英国的势力范围，中间目标是通过控制加拿大中部增强在北美洲的影响力，落实到具体行动上是沃尔夫发动对魁北克的攻击。在 ICI 公司的案例中，高层目标是维系 ICI 在工业领域的领先地位，中间目标是在商业领域负责任地应用化学，实现中间目标所需的状态是维系可持续盈利的业务，具体行动就是在公司组建制药部门。

高层目标需要被分解为中间目标和具体行动。杰克·韦尔奇肯定了迂回的价值，他指出，"将股东价值最大化"对高管来说并不是一个好的策略。他说："当你每天开始工作时，这个策略并不能让你清楚地知道自己应该做什么。"[66] 修建一座大教堂似乎可以用直接策略解决。牧师发出委托，建筑师制订计划，建筑工人动工修建。这个问题的答案似乎是确定的，我们可以明确所有的可能性，而且看起来相对简单，不同要素之间的关系都非常清晰。

如果一个问题对应的目标、解决方案、要素之间的关系非常明确，那么我们不一定需要和落实具体行动的个人分享高层目标。只需要从一开始就全方位地描述问题，然后明确每一个行动。在需要的时候雇用代理人，如果代理人不能完成目标就解雇他们。上述就是列宁、现代主义建筑师以及企业再造者所坚信的理念。

可是他们想错了。苏联解体了，普鲁-伊戈公寓被拆除，那些雇用了大批企业再造顾问的人并没有推动商界的改革。真正改变商业世界的人往往是那些以迂回理念面对商业变化的人，比如谷歌公司联合创始人谢尔盖·布林，苹果公司创始人史蒂夫·乔布斯。他们创造了新的业务，而不是再造旧业务。他们不断地适应、创新，带领员工和客户满怀激情地前进。

直接理念对手段和目的进行了严格区分，但现实中极少存在这种状况。要想生活得好，我们必须有很强的满足感和幸福感，而幸福感包含快乐和喜悦的时刻。但是这些联系在现实中并不是呈线性环环相扣的。我们往往在整体幸福感比较强的时候更容易感受到快乐：我们从工作和社交活动获得满足感、成就感。

梅斯纳尔如果无法从自己的高层目标中获得信心，也许就永远无法完成登山壮举。板球运动员、作家埃德·史密斯有过一段精辟的描述："我并不是说个人发展比输赢更重要；相反，想办法消除与输赢相关的压力和焦虑，享受自我发现的旅程，这本身就是赢得更多胜利的方式之一。"[67] 在体育界，因过度努力而失败的现象非常普遍。鲍勃·罗特利亚在《高尔夫不是一项完美运动》（*Golf Is Not a Game of Perfect*）中解释说，在放空大脑的时候挥杆才能打出好球。这个原则适用于很多领域。[68]

大教堂的成功修建需要同时追求具体行动、中间目标和高层目标。当石匠们知道自己参与了一项伟大的事业，知道上帝的荣耀不仅来自教堂的宏伟，也来自他们的奉献时，他们便会更有干劲。为了实现高层目标，中间目标与具体行动本身也是目的：这就是为什么三位石匠对自己工作的描述都是正确的。大教堂在迂回的过程中被修建起来。巴黎圣母院花了近两个世纪才完工，有很多建筑师参与进来，其中几位建筑师对建筑设计还进行过大幅调整。

教堂的建造者生活在一个目标多维且不确切的世界里。在这个世界里，目标、状态和行动的变化相辅相成：不同人与组织之间的互动会产生不可预测的影响；潜在的复杂性无法被精确地计算或分析；问题的各个部分必然是不完整的，因此充满着不确定性。

在商业环境或任何其他具有上述特征的环境中，决策过程并不是定义目标、分析目标并将目标拆解为具体行动。牧师、政治家、商业顾问或管理者都没有能力做到这一点，那些声称自己可以做到的人，比如勒·柯布西耶只会摧毁他们试图规划的复杂系统。在这个无法被完全理解的世界里，高层目标的实现有赖于不断平衡不相容以及不可测量的因素，这就是迂回策略。

第 6 章

间接思考
无处不在

建造教堂通常需要很长时间。佛罗伦萨的圣母百花圣殿在设计之初就打算建成世界上最大的穹顶。然而一个多世纪过去了，仍然没有人知道应该如何完成它。瓦萨里在《文艺复兴艺苑名人传》[69]中记载，伯鲁涅列斯基面对质疑者发出挑战，问他们谁能把鸡蛋立在光滑的大理石面上，结果没有人能成功。这时候，伯鲁涅列斯基在大理石上轻轻磕碎鸡蛋的一头，鸡蛋立住了，他由此赢得了为教堂封顶的任务。他当然也知道如何解决大教堂的封顶问题。对手们当时还不服气，觉得谁都能通过磕碎鸡蛋的一头来解决问题。伯鲁涅列斯基回应说，当看到他的封顶方案时，每个人都觉得自己也能想出来。

即便不相信这件事的真实性，大家也能理解其中的道理。伯鲁涅列斯基换了个方式思考问题，他将迂回与直接巧妙结合起来。这种思考方式在其最伟大的成就透视法中也有体现。他以人们所看到的物体，而不是所理解的物体作为出发点进行绘画。这听起来好像是个平平无奇的理念，然而在此之前的数千年里，画家们一直以其他方式呈现着万物。

伯鲁涅列斯基的厉害之处是，他以创新的视角解读问题。这种迂回的方式正是天才与凡人的差别，也是具有独立思考能力的人与计算机的差别。一旦人类识别出问题并要求计算机解决问题，计算机就能非常出色地完成任务；但是如果人都不太清楚问题到底出在哪里，那么计算机也帮不上什么忙。

迂回策略的运用在军事领域已有悠久的历史，很多军事天才通常都会以迂回战术重构问题。美国的官方语言是英语而不是法语，那是因为陆军少将詹姆斯·沃尔夫在 1759 年攻陷魁北克，使得英国皇室在北美洲形成主要影响力。沃尔夫绕开了最显而易见的进攻路线，翻越险峻的亚伯拉罕高地，趁法军不备发动攻击，最终夺下魁北克城。在二战中，德军绕过了马其诺防线发动攻击，最终让防线失守，日本侵略者骑自行车穿越马来亚丛林，最终攻陷新加坡，而后者的兵力主要集中在海边。

和伯鲁涅列斯基一样，沃尔夫以及德国、日本的高级指挥官也是从不同的角度看待问题的。他们的解决方案看起来曲折，但就像伯鲁涅列斯基的那枚鸡蛋，成功的那一刻才让人看到其中的直截了当。直接成了迂回的产物。

假设你要为50名网球选手举办比赛，最少要组织多少场比赛才能决出冠军？你可能会计算，第一轮需要举办25场，第二轮需要举办12场（第一轮结束后随机抽一名选手直接晋级第三轮），以此类推。或者第一轮让36名选手先比，胜出的18名与其他14名在第二轮对决。

总之，你应该能想到两三种组织比赛的方式，而且你可能注意到了，好像总是需要49场比赛。在淘汰制比赛中，除了最终的冠军，每位运动员都只会被击败一次，所以比赛的场数就是所有参赛者人数减一。不断重复以及累积经验得到了最佳的分析方法。迂回策略往往需要重构问题（又被称作横向思维），从而找到最直接的解法。

从传统意义上说，美术家的工作就是呈现其描绘的对象——大运河的风景，耶稣受难的经历，某位艺术赞助人的妻子，等等。但是，美术家的技艺就像诗人的才华，取决于个人对工作目标的创造性解读。版画家阿尔布雷特·丢勒的作品（见图6.1）呈现出一只栩栩如生的野兔，令人过目难忘。让一幅平面作品有了立体的质感，可谓技艺精湛。画中的野兔很像真的野兔。

不过野兔的照片也能呈现同样的效果啊！但是就算照片中的野兔和真的野兔一模一样，也不会因此被称为好作品。因为人们不会从相似度上评判照片拍得好不好。即便是刚入门的摄影爱好者去拍野兔，照片中的野兔也和真的野兔"很像"。

图 6.1　《野兔》，阿尔布雷特·丢勒（英国买家）

恩斯特·贡布里希爵士在对艺术理论的介绍中，对比了丢勒和其他画家对动物的不同呈现方式。[70] 毕加索选择了一种迂回的方法，他画的小公鸡（见图6.2）和照片所能呈现的公鸡一点儿都不像，但是这幅画作又将公鸡的好斗和愚蠢刻画得淋漓尽致，超越了任何照片所能呈现的效果。

图6.2 《公鸡》，巴勃罗·毕加索

（私人收藏／詹姆斯·古德曼画廊，纽约，美国／布里奇曼）

毕加索也可以直接回应"问题",他当然画得出栩栩如生的公鸡。但是,不同于丢勒,毕加索并没有试图呈现出和照片一样的效果。他说过:"艺术是让我们意识到真相的谎言。"[71]毕加索确实以迂回的方式面对其表达的对象,而且他必须这么做。如果毕加索追求与照片相近的效果,他的作品就不会成为艺术创作的典范,他也不会成为伟大的艺术家。

也许所有的艺术家都有一个共同的高层目标,比如"幸福"。但是,每位艺术家都会以不同的方式将其转化为更具体的目标。文艺复兴之前大部分的欧洲艺术创作都是在歌颂上帝;伦勃朗主要经营肖像画(从经济层面看不是很成功);凡·高只想画画,未曾从自己的画作中赚过一分钱;毕加索则把艺术当作获得美酒与芳心的手段。这些更具体的目标又被转化为具体的活动——刻画耶稣受难,描绘赞助人的妻子或直接讨好她的丈夫,或者以特定的方式描绘教堂,等等。这些活动通过具体行动完成,比如,毕加索要通过不同的笔触将自己的构想变成画作。

面对复杂的问题,迂回的解法就是在高层目标、中间目标和具体行动三者中找到平衡。即便在简单的问题上,这种关系的巧妙处理也非常重要。

有一道著名的脑力测试题:某位养狗人士下班后需要步行1英里回家,他从办公室出发的时候,思念他的狗狗就会从家里出发去迎接他,狗会舔舔主人的手,然后再回家,之后又返回,再回家，这个过程不断重复，直到狗狗和主人同时到家。假设狗主人的步速为每小时 3 英里，狗狗的步速为每小时 12 英里，请问狗狗跑的里程共计多长？（见图 6.3）

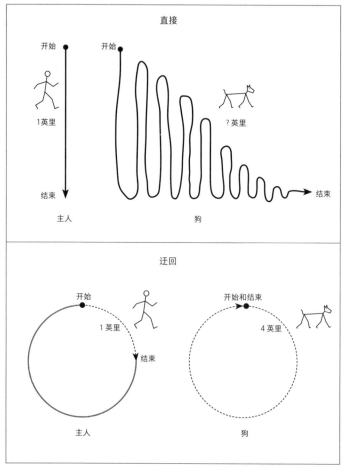

图 6.3 狗狗跑的里程共计多长？——直接与迂回的解法

大部分人面对这个问题都会选择利用类推法计算。狗狗和主人第一次相遇的时候，主人走了 1/5 英里，狗狗走了……用这种方法确实能算出正确答案。但是，如果注意到狗狗的步速是主人的 4 倍，那么主人步行 1 英里回到家，狗狗其实就走了 4 英里。

迂回的解法虽然没有直接算距离，但是最后却让问题更简单。很多谜题的设计都有这种矛盾的特质，恰恰反映出人们在迂回思考中获得的乐趣。大多数人无法从算术中获得乐趣，什么长除法、平方根，想想就无聊，但很多人觉得数学谜题挺有意思的。最著名的数学谜题就是费马大定理，时至今日仍令人着迷。数学家安德鲁·怀尔斯在 1994 年提出的解法需要强大的计算工具。[72] 但是费马当初表示存在一个比较简单的解法，至今仍未被发现。也许，真的有一种迂回的解法——就像伯鲁涅列斯基的鸡蛋以及透视法，一旦想到了，那就是最直接的方式。

人们总是一边不断应对问题，一边从过程中学习如何解决问题。美国国家公园管理局在成立之后的一百多年里，一直在学习如何更好地保护国家自然环境。管理局的一项职责是森林资源管理，简单点儿说，高层目标就是实现良好的森林资源管理，这需要转换为更具体的中间目标，比如树木繁茂，风景优美，可供游人欣赏，等等。

实现中间目标和高层目标的其中一个体现就是没有破坏性的森林火灾。自 20 世纪初开始，管理局一直落实火灾零容忍政策。

每一次火灾，无论规模大小，必须扑灭——这是最基本的行动。然而，森林火灾的频率不降反升。

管理局对消防政策进行计算机模拟实验，最终找到了答案。大部分森林火灾都是小规模的，而且会自行熄灭。在此过程中，很多易燃的灌木丛会被烧掉，从而形成遏制火灾蔓延的防火带。因此，减少森林火灾的最佳方法并不是见火就灭。为了同样一个高层目标，管理局从新的视角出发选择了一个不同的中间目标——用选择性灭火政策替代零容忍政策。但是新的目标需要什么具体行动呢？1972 年，管理局发布了新措施：人为火灾必须扑灭，自燃的火灾不用扑灭。

16 年后，黄石国家公园遭遇了美国历史上最大的森林大火。当时天气非常干燥，几处大火连成一片。虽然不排除人为纵火因素，但是最初起火可能是闪电引燃的。这次消防任务派遣了 2.5 万名消防员、投入 1 亿多美元，等到火情被控制住的时候，黄石公园近一半的植被已经被烧毁。[73] 到了今天，管理局的消防指南已经明确，要让经验丰富的护林员来判断火灾需要扑灭还是让其自行熄灭。但经验证明，有些灭火工作是必不可少的。[74] 时间则会证明（但是比较缓慢）政策是否在一个方向上走得太远，具体行动是否能实现中间目标，中间目标又是否有助于达到高层目标。

整体与部分之间的关系十分复杂，所以，对森林资源的管理者来说，保护森林的最佳方式也是采取迂回策略，即在过程中不断发现，不断调整。黄石公园的大火，雷曼兄弟公司的破产，都是因为政策执行者采用一刀切的方法，并未充分理解高层目标、中间目标以及具体行动之间的复杂关系。扑灭所有火灾会让森林更加脆弱，强调分红机制的组织却最终被这种文化摧毁。

迂回理念承认改造是徒劳的，用勒·柯布西耶的话说就是，通过"平静和清晰的头脑"来构思"忽视所有现行规则、现有途径和渠道"的计划是不切实际的。柯布西耶为城市的新开发设计了很多宏伟方案，其中就包括著名的"瓦赞计划"。该计划提议将巴黎中心大部分区域夷为平地，重新建设更规整的市区环境。[75]

此次重建计划并未落实。但是，从20世纪20年代到1968年，独断专行的罗伯特·摩西掌控了纽约的城市规划，他让高速公路直接穿越公寓、办公楼和工厂。[76]将城市环境视为系统设计的理念在新建大城市中得到全面落实，比如巴西利亚、堪培拉以及昌迪加尔。然而，这些城市死气沉沉，真实社区的活力无法通过人为的规划和设计而获得，刻意模仿并不会带来成功。就像英国在二战后建起的塔式公寓大楼一样，其功能本身就存在问题。

简·雅各布斯率先开始反对这类城市规划工作（尤其是摩西的规划），她诠释了城市生活的多姿多彩是曲折迂回的发展结果，无法通过规划与设计来实现。她赞扬了斯坦利·坦科尔的观点，"创造一个社区已经超出了人类的想象范围"，她对规划者在城市设计中的理念提出了尖锐的批评："只有缺乏想象力的人才会觉得自己能做到，只有狂妄自大的人才会想做到。"[77]

前文中网球比赛和人狗相会的问题都有最佳解法。两个问题都很简单，但是最佳解法并不是最显而易见的。可是一旦知道了，你就不难发现看似迂回的方法其实是最佳的解决方案。在科学和数学领域有时候会出现"尤里卡时刻"，也就是对曾经无法理解的问题产生顿悟的时刻。来由就是阿基米德在洗澡的时候突然悟出浮力原理，他跳出浴盆高呼："尤里卡！尤里卡！"（"尤里卡"在希腊语中表示"我发现了"，这个故事的真实性还有待考究。）这些灵光乍现的时刻确有出现，问题的解法看似不请自来，但是，当尤里卡时刻发生时，那个人往往已经在某个问题上有了很长时间曲折迂回的思考。在商业、政治、金融领域，或者个人生活中，这样的时刻很少出现。

19 世纪的法国科学家路易·巴斯德有许多重大发现，其中包括通过人工组织培养实现免疫。其实，巴斯德是在助手失败的实验中发现该方法的，是在迂回中迎来了新发现。而且，人类历史上最重大的药理学发现——青霉素，也得益于类似的过程。巴斯德开拓性的研究发现甚至不能算是中间目标，免疫方法的发明就是实现推动科学进步这一高层目标的一种途径。而且，只有抱着开放的态度进行实验，进行调整，这一结果才有可能实现。巴斯德总结道："运气青睐有准备的人。"[78]

为什么很多问题
通常无法直接解决？

第 7 章

渐进调试：
为什么间接的方法会通向成功？

　　"颂扬上帝""推动社会发展""健康生活"，这些宣传语听起来并不是很实用。大家要通过牧师、政治家、医生将这些高层目标转换成中间目标和具体行动。当然有些人可以自己做到。他们可能会为自己做好计划，明确中间目标和具体行动。不过，在这个过程中善用迂回的力量十分重要。

　　1959 年，查尔斯·林德布洛姆发表了《渐进调试的科学》一文。文中他比较了两种决策方式，第一种是综合理性方法，即在明确定义的目标下对所有方案进行全面评估。第二种则是迂回的方法，以持续有限比较为特征，林德布洛姆将后者称为"渐进调试"。

"渐进调试"就是从当前的局势出发，一步一个脚印，循序渐进寻找答案。林德布洛姆将"渐进调试"与更为直接的理性决策进行比较，他更喜欢前者。理性决策对复杂的政策问题毫无作用，管理者最终还是要使用"渐进调试"的方法。[79]

我最初是在 H. 伊戈尔·安索夫博士编写的商务战略著作中看到了林德布洛姆的文章。[80]但是安索夫博士引入此篇文章是为了嘲讽林德布洛姆。在他看来，林德布洛姆说的理性决策"无法实现"，站不住脚，"这在本书第三篇文章（以及后面的文章）中就能体现出来"。他写道："关于天合汽车集团（TRW）的文章阐述了世界上最具活力的一家企业是如何在制定企业战略的过程中系统性地探索机会的。不过，林德布洛姆的文章描述了商业组织和政府组织中广泛存在的实践，还是具有一定启发意义的。"[81]第一次读到林德布洛姆的文章时，我也和安索夫博士一样，觉得这种反传统的思维多少有些可笑。

受到安索夫博士大力夸赞的不仅有天合汽车集团，书中还有几家企业的案例研究，包括胜家缝纫机公司和前文提到的 ICI。不过最受安索夫博士肯定的还是利顿工业公司——"以任何标准衡量都是最成功的案例"，"坚持不懈追求改变的成果"。[82]利顿工业公司的案例研究作者是英国人罗伯特·赫勒，他写道："每个时期，总有一家美国企业能够在英国人心中成为传奇，成为企业管理的标杆。"[83]在 1968 年，这家企业就是利顿工业公司。

在安索夫博士编写的书中，法国玻璃和工程材料公司圣戈班正是利顿工业和天合汽车的反面。书中写道："有一位主管在重要的会议上也是昏昏沉沉。我尝试抓住他的注意力，结果他还是睡过去了。""圣戈班虽然拥有极其现代化的总部大楼，但企业本身却像'老太太'，随着年龄的增长越来越步履蹒跚。其原因不是无视良好的管理实践……美国人可能难以理解，圣戈班背后是庞大的企业体系和三个世纪的传统，要在盘根错节的企业关系中负重前行。"[84]

然而，后来发生的事情多少让安索夫博士有点儿难堪。天合汽车、胜家缝纫机和利顿工业命运相似，为推动发展选择了产业多样化路线，最终都因管理不善而破产。安索夫的著作出版不到一年，利顿工业便声誉崩塌。胜家缝纫机和利顿工业现在已经不再是独立的企业。天合汽车则回到了原来的轨道，专注于汽车零部件供应。而不被看好的圣戈班则成了法国乃至全球最成功的工业公司之一，在全球各地拥有员工20万人。[85]

安索夫博士眼中的卓越企业最终都贪婪得过了头。林德布洛姆在其文章发表20年后，又发表了新的文章——《渐进调试进行时》。[86]林德布洛姆的文章说明，务实的决策过程必然是迂回的。这种理念不会严格区分方法和目的，而且会通过简化并排除某些潜在选项的干扰极大地限制分析范围。

林德布洛姆认为："好政策的检验标准通常是，众多分析人士发现他们对某一项政策达成了共识（但不一定认同它是达成一致目标最适合的手段）。"当代法律学者凯斯·桑斯坦（美国前总统奥巴马的法律顾问）将这称为"不完全理论化共识"。[87]桑斯坦认为，政治、商业和日常生活的决策基础通常是就要做什么达成共识，而不需要就这么做的原因达成共识。"不完全理论化共识"的对立面就是认为，"做一件错的事情也好过做一件理由不充分的正确的事情"，这种想法导致很多学者在各种学术委员会里浪费了如此多的时间。

林德布洛姆谦逊的"渐进调试"招致安索夫博士的讥讽。因为"渐进调试"似乎就暗含着自嘲，安索夫就是被这层意思蒙蔽了。我认为，迂回是一个更好的表述。迂回是一个实验与发现的过程。成功也好，失败也罢，过程中认知的累积让人们不断审视自己的高层目标、中间目标以及相应的行动。

实现高层目标的迂回策略并不是毫无章法、拍脑袋就来的决策。林德布洛姆所说的"渐进调试"是一个严谨有序的过程，毕加索、山姆·沃尔顿、巴菲特都是如此。他们靠的不是对既定目标全面理性的分析。每个人都在前进的过程中审时度势、随机应变，将高层目标、中间目标和具体行动结合在一起。他们会极大地限制备选方案的数量，然后不断进行限定范围内的比较，仔细斟酌，而不是无所不包地衡量所有选择。

杰克·韦尔奇可不是坐在办公椅上思索如何将股东价值最大

化的。毕加索也没有死死盯着空白的画布思考，从蓝色时期到立体派时期，他在艺术生涯的每个阶段都会探索一种特定的风格，一组主题。山姆·沃尔顿在阿肯色州的本顿维尔开设了他的第一家店。今天，美国中西部地区依旧是这家全球连锁巨头的中心——沃尔玛公司的全球总部就在本顿维尔。这个地方并不是全面评估所有可选地点之后做出的选择。巴菲特一直强调，他必定专注于少数他了解的公司和行业。毕加索、沃尔顿和巴菲特都是从有限的方案中进行选择的，他们不会把选择范围扩展为理论上可行的所有方案。

高层目标、中间目标和具体行动是同步变化的，因为对高层目标的理解本质上是一个不断深化的过程。在林德布洛姆看来，严格区分手段与目标，在解决简单问题时似乎显而易见，也很重要，但这不是现实世界决策的关键。无论是实现人生理想，进行伟大的艺术创作，抑或推动社会进步，打造成功的企业，高层目标都很难被明确定义，因此也就无法直接分解成中间目标和具体行动，无法紧密地监测或衡量每一步进展。

在迂回策略中，为高层目标而奋斗是一个不断调整适应的过程，梅斯纳尔和马洛里达成了自我实现，比尔·艾伦和乔治·默克建立了伟大且盈利丰厚的企业，伯鲁涅列斯基和毕加索带来了新的艺术理念，巴拿马运河的建造者改变了航运历史，沃尔夫让英国在北美洲建立了统治地位，ICI 在英国的工业领域维持了 70

年的领先地位。健康生活、打造成功的企业、推动艺术发展、联结北美与亚洲等等，面对这些庞大而复杂的目标，迂回才是最佳解法。

数独则不一样。解题者要在9×9的网格中分别填入1到9这9个数字。计算机程序可以快速地计算出所有可能的排列方式，在几秒钟内解决任一数独问题。数独的规则简单且明确。参赛者必须推导出由出题者设计的唯一的解法。

如果世界像数独游戏一样，那么所有决策都可以用同样直接的方式处理。数独游戏的特点让直接解法成为可行之策：

○ 有且只有一种解法，解法出现时非常明确，解题目标清晰，不会变化。

○ 其他人对解题过程产生的反应并不会影响游戏本身，即使与他人产生互动，对游戏的影响也非常有限，而且在可控范围之内。

○ 解题的方案有限，解题者知道所有潜在的方案都能为己所用，即使不确定未来会发生什么，也可以确定可能性的范围。问题是封闭式的。

○ 在空格中填入不同数字的可能性虽然有数百万种之多，但理论上确实有限且可以被一一计算。所以，其中的复杂性虽然看似无穷，其实仍有边界。

数独游戏是封闭式的，规则明确，有清晰的目标。

但是，人类大脑习惯于解决现实问题，而不是被设计好的游戏。虽然我们可以用直接的方式解数独谜题，就像计算机一样，但是大家还是会选择迂回的方式（这也是玩数独游戏的乐趣所在）。一般策略就是把解题的高层目标分解为中间目标和具体行动——分块填数字。在解题时，解法如果不理想就重新调整，放弃不适合的解法。在解题时我们会很自然地进行这种分析，而不是像机器一样直接算出每一种解法。否则，我们也可以直接买一台计算机来解题。

国际象棋比数独游戏复杂一些，但是道理很相似。它的可能性范围比数独游戏更大，但依然是有限的，其规则也是固定的，在游戏开始后不会改变。人们可以重设规则进行游戏，但那就不是国际象棋了。国际象棋介于直接策略可解决的问题与需要迂回策略解决的问题之间。

在接下来的章节中，我会阐述现实世界与"数独"游戏世界的区别，也就是真正高层目标的宽泛性、多面性，与他人互动的影响，无法全面定义问题的能力局限性，以及问题所在系统的复杂性。同时我也会强调我们抽象能力的极限。

林德布洛姆比较了进行单一全面评估的方法和进行连续有限比较的方法，也就是直接与迂回的对比，其实两者是区间的两极。在玩填字游戏的时候，坚持一个简单原则最好（尽管很多人可能说不清楚原则是什么），但是在谈恋爱的时候，照本宣科可不是好事（尽管一些小贴士，比如"注视你的伴侣"可能会帮助你度过恋爱初期）。大部分问题都是在两个极端之间找方法。

表 7.1 对比了直接策略与迂回策略在决策和解决问题时的某些特点。一个问题的特点与哪种策略的特点重合得越多，采用哪种策略就可能越有效。

表 7.1　我们面对的问题

	章	直接	迂回
目标	8	高层目标明确清晰，可被量化。	高层目标定义模糊，包含多个方面。
		高层目标显著区别于中间目标和具体行动。	高层目标、中间目标与具体行动之间没有清晰的划分，要在创建中间目标、落实具体行动的过程中逐步了解高层目标的本质。
互动	9	与他人的互动是有限的，对方的反应完全取决于动作发出者的行为。	互动的结果不仅取决于动作发出者，也取决于所处的环境，以及互动另一方的解读。
复杂性	10	目标、中间状态、中间目标和行动之间的关系结构明确清晰。	目标、中间状态、中间目标和行动之间的关系结构并不完整，需要在落实过程中逐步搭建。
确定性	11	可选方案固定且已知。所处环境的风险可以用明确的概率来计算。	能够识别的可选方案非常有限。所处环境的不确定性高，不仅无法预测事件，甚至无法预测事件的范围。
抽象	12	问题可以通过单一模型进行描述。	对复杂问题的合理简化取决于判断力以及对环境的了解。

当目标清晰、简单，指导原则和执行步骤已经明确，后续产生的互动有限且可预测时，当所有选项和风险都能得到准确描述，问题所处环境可被充分理解，抽象模型合理时，我们就可以采用直接策略。在接下来的章节中，我会阐述当这些条件未得到满足时会出现什么困难。正是因为这些困难的存在，直接策略通常难以落实。在林德布洛姆看来，这让迂回策略成为必然的选择。

第 8 章

多元主义:
为什么问题的答案不止一个?

如果你喜欢玩数独游戏,原因之一可能是这个游戏的目标很清晰,总会有最优解法,而且你可以明确知道什么时候已经成功解开了。这个游戏还有更吸引人的地方,那就是虽然直接的解法能解题,但迂回的解法往往更简单。

现实生活中的很多问题并不像游戏规则那样清晰。很多时候高层目标非常宽泛,而且无法提前拆解成中间目标和具体行动。要想在破解问题、做出决策方面做得出色,必须善用迂回策略,因为在解决问题的过程中,我们不仅能够获得实现高层目标的策略,还可以深刻认识目标的本质。

实现企业的长期繁荣发展是一个高层目标,需要实现一系列中间目标——盈利可观、产品出色、员工忠诚、客户满意。实现这些中间目标又需要落实一些具体行动——降低成本、合理定价、开发新产品等等。

过充实的人生，打造成功的企业，创作杰出的艺术作品，这些高层目标对大多数人来说都十分宽泛，似乎很难想清楚要如何实现。但是这并不意味着目标就没有意义，或者没有实现的可能性。这些目标需要被转换成中间目标和具体行动，随着对所处工作生活环境的了解，我们会反复解读自己的目标与行动。正因如此，成功实现高层目标的策略必然是迂回的。

在彼得·威尔导演的电影《死亡诗社》中，由罗宾·威廉姆斯饰演的基廷是一位极富魅力的文学教师。[88]文学课教科书中有一篇文章由J.埃文斯·普里查德博士所写，普里查德博士对诗歌鉴赏有一套固定的理论模版，他认为评价一首诗要从主题的重要性以及形式的完美程度两个方面来看。基廷让学生们把普里查德博士的文章撕掉，不再整天闷闷不乐，被古板的框架束缚，而是重新发现诗歌的美。[89]

当然，很多人可能会说，诗歌与科学不一样，诗歌是迂回的，但科学是直接的。普里查德博士的目的很明显，他想把"写出伟大的诗歌"这一高层目标变成更具体的目标——完美的形式、重要的主题"。基廷的一些学生也许认可甚至崇尚这样的目标。

诗歌的世界看似迂回，其实并不是没有规则或标准可言。文选编纂者中不乏犀利的文学批评家和评论家，他们会将伟大的诗歌汇编成册。其中一位便是海伦·加德纳，其重要作品是诗歌选集《新牛津英语诗集》。[90] 父母为他们的孩子寻求良好的教育；政客们寻求实现这一目标。英国财政部近期出版的一份文件指出，教育涵盖多个方面——职业培训、公民义务、情感教育等。没错，我们必须将优质教育的高层目标转化为中间目标和行动，指引课程大纲的制定。

直接策略要将高层目标以有序的方式进行分解。所以，如果你现在在英国中小学或者大学教书，你就要接受教学质量评估。教学质量被定义为课堂教学与学习成果之间的关系。你已经对这些教育管理者的术语感到不寒而栗了吗？虽然你可以这样，但还为时尚早。良好的教育确实包括产生能够带来预期学习成果的课堂教学。

只不过优秀的教师会通过创造出色的课堂体验来实现目标，他们往往采用迂回的方式，而在这种方式下，课堂内容和效果也许会伴随学生一生。《死亡诗社》的观众无一不想在人生中遇到像基廷一样的老师——把教材撕开，在迂回的探索中获得力量。当基廷的课堂被校长接手，全班同学被带领阅读普里查德博士的文章时，又有谁能抑制住愤懑之情！

财政部的决策者认为，基廷的课堂也许富有激情但缺乏秩序，他们迫切想要施加更多的规则。文件中写道："清晰的优先级至关重要。"[91] 但是，设定优先级的原因或理由又从何而来？是不是要给公民义务 40% 的权重，给情感教育 20% 的权重，并以此类推？那又该如何衡量公民义务和情感教育？谁来决定权重？教师、政府官员，还是议员？"清晰的优先级"意味着把公民义务放在第一位，把情感教育放在第二位，或者反过来。那么又有谁来判断，公民义务的教育已经完成，可以开始进行情感教育了？

人们通过实现中间目标、落实具体行动的迂回过程，明确了我们的高层目标——良好教育的含义。普通人也好，领导者也好，都在不断进行调整。我们也许认识到，我们过度关注或者不够关注教育的学术性。也许，随着社会和经济环境的变化，曾经占主导地位的价值观发生了变化，重心发生了转移。在教育实践中，我们会对良好的教育、糟糕的教育不断形成更深刻的认知。实现高层目标的过程必然是迭代的，通往高层目标的道路也必然是迂回的。

英国著名科学家开尔文勋爵说过，如果你无法衡量某种事物，那么"你的知识很贫乏，不尽如人意"。[92] 这也是普里查德博士的理念。财政部主张"清晰的优先级"的官员也是如此。但是开尔文勋爵说错了。梭伦和亚里士多德对幸福的认知很深刻，加德纳对诗歌的理解也绝对不肤浅，普里查德对诗歌的认知倒是可以用"贫乏"和"不尽如人意"来形容。

开尔文的理念直接导致了现代社会对量化概念的滥用。联

合国编制了人类发展指数（HDI）（如图 8.1 所示），将全球各
国依次排序，冰岛第一，塞拉利昂垫底。[93] 人类发展这一高层目
标被转化成三个中间目标：人均寿命，教育水平，国内生产总
值（GDP）。衡量人均寿命就是把出生时的预期寿命（L）放入
公式（L–25）/60。如果预期寿命是 82 年，那么该项的得分就是
0.95。教育水平得分就是取识字率（权重为 2/3）、入学率（权
重为 1/3）的平均值。通过对三个中间目标的得分进行平均来计
算总分。

直接方法 [94]

联合国人类发展指数（HDI）$= \frac{1}{3}\left(\frac{L-25}{60}\right) + \frac{1}{3}\left(\frac{2}{3} \times \frac{R}{99} + \frac{1}{3}E\right) + \frac{1}{3}(G)$

迂回方法 [95]

什么是最高的善？大多数人意见一致，无论是未受过教育的人，还是受过教
育的人，都普遍认为是"幸福"，并且把它等同于美好和成功的生活。然而，
关于幸福的含义，人们意见不一。

——亚里士多德

图 8.1　评估人类发展

　　衡量人类社会发展水平的初衷值得肯定。但为什么我们要用
这种特定的方式来衡量呢？有人提出，衡量人类发展应该考虑个
人自由、宗教信仰，或环境意识。为什么要考虑这些？或者为什
么不考虑这些？即使能够在衡量健康、教育、收入这几个方面上
达成一致，那么衡量的方式呢？权重呢？问题不在于大家对这些

问题有不同的答案，而在于很难找到解决分歧的标准。衡量人类发展的指标理应客观，也就是通过三个方面的计量，但是这种客观要求本身就建立在错误的基础上。

现在，这种主观决定的指数排名已经成为庞大的产业。世界经济论坛和瑞士洛桑国际管理发展学院（IMD）每年会发布国家竞争力排名，吸引了诸多关注，各种高校排名也受到关注。你还可以看到国家幸福指数排名或对人类自由的评估。这些排名提供了一些信息，大部分人会认可冰岛的人类发展指数高于塞拉利昂。但是，如果指数排名不是这样的顺序，需要改变的就是指数，而不是人们对冰岛或塞拉利昂的看法。人们对伟大诗歌的见解、对人类发展的认识决定了衡量标准和各要素的权重，而不是衡量标准和权重决定人们的判断。

当然，商业世界还是和诗歌、社会学有所不同吧？我们以迂回的理念对待诗歌与人类发展，但是对待利润总可以直接吧？利润就是事实。真的吗？如果你看过企业年报，你会发现里面有几种不同的利润指标。但是，极少有公司会将《国际财务报告准则》（IFRS）或者《美国公认会计准则》（GAAP）给出的所谓客观指标作为重点，这是有充分理由的。ICI 在转战金融领域时期要"将股东价值最大化"，菲尔·康迪特在波音公司任职期间高度关注投资回报。股东价值与投资回报不是一回事，也和 IFRS 或 GAAP 中的利润指标不是一回事。

不熟悉会计和金融领域的人可能觉得这个观点令人意外。商业领域之外的大多数人，甚至一些商界人士，都认为利润一定有真实确切的衡量标准，只是需要时间去探寻。但是，只要认真思考过这个问题，你就会知道寻求利润的真实衡量标准，就像寻找完美诗歌的标准一样，都很不切实际，原因也是相似的。（20多年前我写过一本书《会计利润盈利能力的经济学分析》[96]，我当时未能找到答案，后来也没有找到。）

利润最大化从来都不在董事会的会议议程中。董事会成员讨论盈利能力，讨论新产品，讨论公司中的人际关系或客户对产品的满意度，等等。高管们会到各个部门或生产车间去，思索如何降低成本、设定价格或推出新的产品线。董事和经理们会通过迂回的方式追求高层目标，如果成功了，他们会通过不断平衡不兼容且难以测量的因素来维系业务的持续发展。

我们研究商业世界，然后了解利润的多重含义，了解衡量利润的困难之处。我们读诗歌，然后了解诗歌的体例（可能与普里查德的定义相同，也有可能不同），了解完美的形式有多重要。海伦·加德纳可以评价诗歌的形式是否完美，因为她读了很多诗。她的学识与鉴赏力帮助人们认识什么是好的诗歌。编制 GAAP 和 IFRS 的人都是行业经验丰富的会计师，有着多年来为不同企业提供财务服务的经验。这些标准和原则的定义需要大量的积累。在现实生活的其他领域，包括金融领域，衡量同一个问题有不同的标准，这意味着我们只能在探索的过程中进行选择。

面对这类困境，哲学家以赛亚·伯林撰写了支持价值多元主义的文章。[97]他关注的是自由与正义的崇高理想，而不是诗歌形式或企业资产等世俗的问题。在他的设想中，多重社会目标或政治目标可以同时存在，既不完全相容，也不完全一致。自由的社会通常是公平的，但是有时候公平与个人或社会自由会产生冲突。有时候需要弱化公民义务来推动情感教育的发展。

伯林认为，带来社会繁荣的很多政治目标与社会目标是难以量化的。普里查德博士让学生思考诗歌主题的重要性和形式的完美程度，这没什么问题，但是当他提议将两者作为衡量诗歌是否伟大的标准时，他就开始走向错误的方向了。问"一首伟大的诗歌有什么特点？"并不荒谬，荒谬的是问约翰·济慈《初读查普曼译荷马有感》要比沃尔特·惠特曼的《啊，船长！我的船长！》更伟大吗？如果是，那么伟大多少呢？教育的目标大家都了然于心，但是如果非要在这些难以量化的目标中排出先后，真是匪夷所思。

伯林的哲学是多元主义的，其本质是"一个问题有不止一个答案"的理念。这恰恰与主张"任何事情只要是真实存在的，就必定能找到与之对应的唯一真理"的一元论相反。多元主义在对待目标方面自然是迂回的，而一元论则是直接的。对伯林来说，"良好社会的本质是什么？"这个问题没有放之四海而皆准的答案。"我应该如何生活？""教育的目标是什么？"这类问题还有很多，同理，它们并不存在唯一的答案。[98]我们努力要实现的目标往往没有统一的标准，甚至是互不相容的。

有时候我们甚至不确定目标到底是什么，与高层目标匹配的中间目标可能会随时间的推移而变化。海伦·加德纳是如何发现诗歌的伟大的？1972年，她在文章中讲述了自己挑选出伟大诗歌的决心，并毫不含糊地指出，霍普金斯、哈代、叶芝和艾略特是过去一百年里最优秀的英国诗人。和普里查德博士一样，她对如何评价诗歌有着充分的准备。

他们目的相同，但是海伦拥有广博的学识与敏锐的判断力。她的评价标准是主观与客观的结合，是相对主义与绝对主义的结合。海伦说："任何以经典为目标的选集都不仅要反映选集作者的个人品位，而且要反映出那个时代评论界最关键的共识。"在维多利亚时代，"最好的作品要么是抒情类的，要么是精辟有趣的告诫类的，肯定不是讽刺类、政治类、书信类或说教类的"。[99]

从来都不存在构成伟大诗歌的固定标准，这种标准本身就否定了伟大诗歌的·个要素。当描述一首伟大的诗歌时，我们往往会用新鲜感和独创性这样的词语。伟大的诗人不一定按照既定的标准来创作，他们不仅会打破规则，甚至会重新定义规则。这种迂回的过程也是伟大的诗歌之所以伟大的原因之一。著名的名画仿造大师汉·范米格伦仿造的伦勃朗和维米尔的作品，连专家都辨不出真伪。如果画作出自伦勃朗或维米尔之手,那确实是无与伦比的作品。但是作为20世纪的仿制品,它们的艺术价值并不高。我们的标准已经改变了,虽然仿制品依然是美丽的画作,但并不是伟大的艺术。[100]

艺术品成功的标准其实是艺术家决定的,不是批评家,而伟大的艺术本身就会改变这些标准。斯大林尝试用社会主义现实主义来定义艺术。纳粹曾谴责非具象派的艺术都是堕落的。也有人尝试以既定的规则来定义艺术的品质,其效果,甚至意图,是冻结创造性创新。结果,在这些标准下很少有经得住时间考验的作品出现。[101]

艺术领域的真相同样发生在其他领域。亨利·福特、华特·迪士尼、史蒂夫·乔布斯都是伟大的商人,他们的伟大之处在于他们重新定义了行业和从业者的成功标准。他们改变了人们对交通出行、儿童娱乐、计算机的认知,卖出了人们从未想象到的商品。什么是个人出行的最佳交通工具?现代人给出的观点与150年前的人给出的观点截然不同,因为有人构想出了150年前并不存在的交通工具。成功的标准不断被伟大的成功者重新定义。

在某种意义上,人们对交通的要求一致且稳定。也许,在一些普遍的层面上,我们从艺术或教育中寻求的东西也是一致且稳定的。但是,在如此高的水平上定义目标显得虚无缥缈,既没有意义,也没有实际作用。诠释一个目标的任务,比如伟大的画作、良好的教育，不仅是优秀艺术家或教师工作的一部分，而且是主要部分。目标的定义与实现该目标的手段是不可分割的，正因如此，迂回的策略不但是有效的选择，也是必然的选择。

在民主社会的政治选举中，公民只需要投出自己的选票。他们没有必要告诉败选的人哪里做得不好，也不需要告诉胜选的人要去做什么。优秀的政府如何表现是政府的任务。在艺术、诗歌、商业领域也是如此。

艺术家、诗人、教育家或商人的工作不仅仅是画我们想看的画，写我们想读的书，教我们想学的知识，生产我们想买的产品，更重要的角色是去诠释我们从艺术、诗歌、教育或商品和服务中寻求的高层目标，比我们自己能够表达出来的更充分。他们可以成功地重塑问题，以前所未有的方式帮助我们实现目标，让卓越从优秀中脱颖而出，并证明为什么直接的方法往往是平庸的。

我应该如何生活？怎样的诗歌称得上伟大？良好的教育有什么标准？成功的商业有什么要素？面对这些宏大而宽泛的问题，确实存在抽象的推测，但是直接利用这些推测并不会让人们真正明白自己应该如何生活，如何鉴赏诗歌，如何开展教育，如何运营企业。我们的认识来自迂回的过程，我们需要不断协商、适应、妥协。不同的人在不同的时间会得出不同的结论。

梭伦指出，只有到终点时，我们才能知道人生是否充实，教育是否有效，商业决策是否成功，诗歌是否完美。但即便在那一刻，我们也无从了解得到的答案是不是最好的答案。

没有人的墓志铭上会写着，"他实现了股东价值最大化"。不仅因为这只是一个中间目标而不是高层目标，而且因为，即使事后来看，也没有人能判断股东价值是否真的实现了最大化。如果 ICI 和波音公司曾经实现了股东价值最大化，那么也是通过迂回的方式实现的。

亨利·福特、比尔·艾伦、华特·迪士尼、史蒂夫·乔布斯等伟大人物的墓志铭上也许会写着："他打造了成功的企业，为股东带来了收益，提供了就业机会，带动了供应商和经销商的发展，因为他创造的产品满足了客户自身从未意识到的需求。"他们以迂回的方式接近高层目标，很多中间目标在这个过程中被实现了。

第 9 章

相互作用：
事情的结果取决于我们为什么做它

在过去很长一段时间，英国玛莎百货以其完善的员工福利项目而闻名，其中就包括以低价向员工提供优质餐食。不过，这项政策并不是在计算成本与利润之后诞生的，而是源自当年公司董事长西蒙·马克斯的一次巡店。当时，马克斯发现自己助手的丈夫失业了，家人陷入了吃不饱饭的窘境。马克斯并没有开展什么慈善工作，比如给员工的家庭提供免费食物。但他也没有计算如果为员工提供低价餐食会不会增加股东收益。

马克斯做了一番真诚的发言，表达了自己对公司的期望。他的副手伊斯雷尔·西夫后来讲述了巡店结束后当晚的讨论，要注重"参与感，这不是高薪和丰厚的红利所能提供的，只能由人与人之间的信任带来……福利的时机和需求总是在变化，因为人性在变化，大环境也一直在变化"。[102]

马克斯和他的同事对如何打造企业有着基本一致的目标，但是在决策上又能保持随机应变。当时市场调查的主要方法就是把产品放到货架上看销量如何。有很多产品确实卖得不好，公司大部分的产品开发都失败了，只有一个板块例外——食品获得了巨大的成功。结果是，从西蒙·马克斯担任董事长到 20 世纪 90 年代，玛莎百货一直是令英国其他零售商心惊胆战的竞争对手。但是，就像 ICI 和波音公司一样，在 90 年代的理性主义决策中，玛莎百货为了追求每股收益的增长，丢掉了自己的领头羊位置。[103]迂回理念创造了股东价值，而直接理念摧毁了股东价值。

由于参与感只能通过建立人与人之间的信任来激发，因此企业管理者与员工之间的互动就显得尤为重要。"我们关心自己的员工，因为这是我们重视的事情。""我们推出了新的薪酬与福利方案，经过对改善福利的成本、人员流动率进行详细测算，以及对竞争对手的相关政策进行严谨分析，我们认为新的方案将带来股东价值的净增长。"前后两项声明的差异显而易见。即使两项声明都代表同样的养老金以及医疗福利政策，对第一项声明的回应也必定与第二项不同。正因如此，企业在向董事会以及投资方做汇报时所使用的语言必然不同于面向媒体和与员工沟通时所使用的语言。但在企业中工作的人一般都很了解企业的本质。

马克斯的理念成就了玛莎百货的标志性地位，也令其获得了员工和顾客的高度忠诚。无论以何种标准评价，西蒙·马克斯无疑都是那个时代最成功的商人之一。他所领导的企业盈利可观，而且一直在增长。他本人的财富也不断增加，他和家庭成员都是著名的慈善家。玛莎百货给员工无微不至的关怀，虽然工资水平与竞争对手一样，却能吸引最能干的员工。管理发展工作高度关注企业内部。试用期员工可能会因为接受不了这种企业文化很快离开，但决定留下来的人会成为忠诚的一员。随着企业盈利和投资回报的增长，没有人会对股东价值提出异议。但是这些结果都是以迂回的方式实现的。

有人请你喝东西，希望你购买他的共同基金；有人请你喝东西，因为他特别喜欢你的公司。请你喝东西这个动作是一致的，但是不难发现两者的差异，而且这个差异很重要。其中一点就是，如果喜欢你公司的这个人刚好销售共同基金，那么你更有可能向他购买。当然，也正因如此，销售人员才会选择先请你喝东西，而不是一上来就推销基金。

两个世纪前，大主教惠特利就说过："诚实是最好的策略，但是为了诚实而诚实的人却不是诚实的人。"[104] 如果我们与那些将诚实作为上策的人打交道，那么我们永远无法确定，多年以后诚实还是不是他们的最佳选择。本性诚实的人比选择诚实的人更值得信赖，因为本性难改，但是选择随时可以变化。玛莎百货获得了员工的忠诚，因为福利方案不是计算成本收益而得出的产物，而是一种价值观的体现。

迂回的解法依赖于不断实验，"因为人性在变化，环境也在变化"。只有通过实验，比如推出新的产品线，才能知道变化是什么。这样的解法需要接受多样性。美国国家公园管理局刚刚开始进行森林资源管理时，森林中都是数千年来在自然状态下生长的树木。19 世纪，德国的林务人员开始以设计规划替代森林的自然进化过程。现在欧洲和北美的很多国家仍然有大片在此理念影响下规划出来的森林：一模一样的树木在土地上均匀分布。林务人员已经分析测算出了最合适的树种和最合理的种植间距。

这些森林缺乏美感，而且从经济层面上看也不太成功，树木比预想中更容易生病，更容易出现突发灾害。真可谓只见树木，不见森林。整体的属性并不是个体属性的简单相加，许多生态系统以及社会、政治和经济系统都是如此。单一栽培无论是在经济层面还是在生态层面上都很脆弱，甚至可能助长风险。爱尔兰马铃薯饥荒就是历史上最著名的案例。

可能大家都在书中读到过，马铃薯是由英国航海家沃尔特·雷利爵士引入欧洲的（存在争议）。[105] 17 世纪末，爱尔兰开始种植马铃薯，环境气候都非常适宜。马铃薯可以在贫瘠潮湿的土壤中生长，虽然口味单一，但营养比较丰富。这种高产的作物似乎可以减弱甚至消除马尔萨斯人口理论中食物供应对人口增长的限制。对英国殖民者来说，这片土地能够带来大量的收益。

马铃薯晚疫病与马铃薯一样起源于美洲，据推测，该病的致病霉菌大概在 1843 年传入欧洲，1845 年传到爱尔兰。当时，全球种植马铃薯的农民都受到了影响，在几乎家家户户种植马铃薯的爱尔兰，人们陷入了饥荒。据统计，饥荒导致 20% 的爱尔兰人口死亡，逃荒的人越来越多，彻底改变了爱尔兰和英国的政治局面。[106] 目前，爱尔兰人口仍然少于饥荒时期。当年，爱尔兰农民的目标是在恶劣的环境中维持生存，他们选择了直接实现目标的策略，如果一户家庭种马铃薯，那么这个策略应该是非常成功的，但是如果所有家庭都开始种马铃薯，这个策略相当于自取灭亡。个人目标和社会需求之间产生了负面的互动关系，爱尔兰陷入了饥荒。

林业发展体现了规划详尽的集中化方案的失败，因为规划者不具备当地群体所掌握的信息，忽视了他们上千年累积下来的育林经验。爱尔兰饥荒则体现了毫无章法的去中心化方案的失败，因为当地群体不具备预测、防范马铃薯晚疫病所需的信息。在面对社会或组织中的复杂问题时，去中心化的方案很有必要，但是这种去中心化的成功管理是中央目标与地方目标、中央信息与地方信息之间复杂的迭代过程。

中央目标定位是世界各地规划者掌握的一种技能，它将中心化视为一个本质上的机械问题——代理人对刺激的反应就像物体对杠杆的反应。这种分析方法时常被称为委托－代理问题，有时候它也是一种富有成效的观察世界的方法。如果你清楚自己的目标，也对实现目标的系统有充分的认识，那么解决委托－代理问题就能很好地帮助你实现目标。但是，很多时候目标不但模糊而且复杂，对问题的描述并不全面，环境中也有很多不确定因素，更关键的是，外界的反应会改变问题的本质。

英国政府规定，救护车"要在8分钟内处理所有危及生命的紧急情况（A类）"[107]，这项规定出台后的情况如图9.1所示。我们不确定图中的数据是否准确。在正常情况下，医护人员会按照事实来记录数据，但是，当他们的奖金和工作与这项记录挂钩时，情况就可能发生改变。如何判断叫救护车的时间点和救护车到达的时间点？略微超出8分钟的情况是不是也被计入了8分钟之内？或者，这项规定会不会对救护行为产生适得其反的效果——调度员会优先安排那些在8分钟内可以完成的任务？我们可以确定的是，衡量标准和控制措施的引入扭曲了衡量和控制所需的数据信息。这种现象被称为"古德哈特定律"[108]，以英国经济学家古德哈特的名字命名。古德哈特在观察中发现，政府一旦制定了货币政策目标，那个目标的意义和重要性就发生了改变。

有一个关于苏联钉子厂的故事。由于钉子的重量是衡量工厂产量的指标，结果一家工厂为了完成产量目标，生产出了一种硕大无比的钉子。这个故事的可信度不高，但是道理很清晰。当然，你可以通过细化指标来改善结果，比如规定钉子的数量、重量，

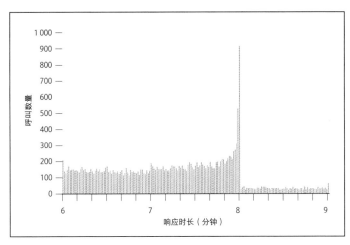

图 9.1 救护车响应

最终的结果可能仍然不理想。

从 1987 年起，《巴塞尔协议》对银行资本的相关要求进行了规定；这项协议后来经历了很多细节修改，修改后推出的《巴塞尔协议 II》长达 400 页。当然，我们现在回看，也意识到协议的效果只是增加了银行的风险。银行进行监管套利——比如提供不动产抵押贷款证券，其实和提供抵押贷款的风险一样，但是前者的资本要求更低。更糟糕的是，给出简单直接的目标反倒让银行经理们不用再主动做出审慎的判断。2007—2008 年的金融危机之后，年薪数百万美元的银行家开始一本正经地指责监管机构没有严格约束他们的高风险行为。

成功的去中心化必须先肯定中间目标多样性对高层目标的贡

献。20 世纪 90 年代出现的"平衡计分卡"系统是为数不多久经考验的商界时尚之一。[109] 计分卡系统扩大了高层目标之下中间目标的范围，解决了古德哈特提出的问题，而且通过广泛且不断变化的指标来衡量企业和个人的表现。

西蒙·马克斯和伊斯雷尔·西夫意识到，问题以及对问题的理解会随着应对问题的过程而改变。他们认识到，落实具体行动和实现中间目标的人也需要对高层目标有所理解。价值观必须至少部分地被人们内化。

高层目标、中间目标和具体行动的实现需要迂回的方法，其基础是为实现这些目标做出贡献的个体间的良性互动关系。马克斯和西夫知道，行为是可以调整的，对具体行动的激励也是有效的。考虑一下，在"提供廉价的优质餐食，让员工感受到其中的实惠，愿意支付这笔钱"这一决策中，"计算"与"关怀"结合得多么完美。他们都是一流的商人，知道迂回与直接在什么时候最适用。

完全以雇主赏罚为动力的石匠也能造出教堂，却造不出以上帝的荣耀为动力的石匠所建造的教堂。同样，相较于底特律流水线上领计件工资的工人，心系企业发展的日本工人能造出更好的汽车。希望打造伟大企业的高管会给企业带来持久的竞争优势，比尔·艾伦就是优秀的范例。花旗集团和雷曼兄弟公司的高管只是为了给自己争取股权和"长期激励计划"，他们无法让企业走得更远。

第*10*章

复杂性：
这个世界不存在所谓的直接

　　计算机无法迂回。计算机总是以直接、线性的方式高效且准确地执行赋予它的规定程序。数独游戏对计算机来说很简单，国际象棋也没有多难。在计算机时代刚刚到来的时候，有人认为，不仅是数独游戏和国际象棋，生命、爱情、商业都可以通过计算机高效运行。

　　1958 年，人工智能学科创始人之一赫伯特 – 西蒙就写道：

　　现在世界上有了能思考、学习和创造的机器。而且，它们完成其他事情的能力将快速提升，直至在可预见的未来，它们处理的问题范围将与人类思维所触及的范围一样广泛。[110]

在斯坦利·库布里克1968年执导的电影《2001太空漫游》中，人工智能计算机哈尔就是一台这样的机器。哈尔不仅源自电影导演的想象，在创作过程中，导演和当时顶尖的计算机科学家还进行了详细的讨论。[111]哈尔所体现的人工智能是又一次启蒙运动的高潮，即把在物理领域中解决了众多问题的科学原则带入人类世界的所有领域。

这个规模如此宏大的项目源自本杰明·富兰克林。在他的传奇人生中，他既对电学领域做出了重要贡献，又为美利坚合众国的建国立下了不朽功勋。在写给英国化学家约瑟夫·普利斯特利的信中，富兰克林阐述了自己进行决策的规则：

将半张纸用一条直线分为两栏：一栏标上"利"，另一栏标上"弊"。然后，在接下来的三四天里，我会把随时想到的有关利与弊的信息简短地记在两栏中。等把利弊想得差不多了，我再计算它们各自的权重……这个方式有很大的优点，可以称其为"道德代数"或者"公正代数"。[112]

大型组织的评估系统通常都会采用富兰克林的建议。无论是人员任用还是银行贷款，无论是公共部门的政策审定还是商业领域的风险评估，其中的程序基本上都与富兰克林决策规则一致。

查尔斯·达尔文也尝试着应用富兰克林决策规则，他在两栏中列出了婚姻的优点和缺点。优点中写着，妻子会带来子女，提供陪伴，分享音乐，一同闲聊。她将是一个"爱和玩乐的对象"——不过他似乎并没有给这一点很大的权重，他只是承认拥有一个妻子在这些方面"比养狗要好"。

达尔文也注意到了婚姻的弊端：被迫去拜访亲戚，在每一件小事上都要妥协，失去了想去哪儿就去哪儿的自由，失去了在俱乐部里畅谈的自由。当时这位伟大的生物学家已经结束了他对加拉帕戈斯群岛的考察，但是《物种起源》仍未完成。所以，这个时候他提出了婚姻"严重浪费时间"的观点，似乎也情有可原。

我们觉得富兰克林和达尔文的"道德代数"有些好笑，他们自己又何尝不这么认为。两人都很明白，"道德代数"并不是人们在现实中做决策的方法，绝大多数人在复杂的问题上都要通过迂回的方式做出判断。在利弊评估表下方，达尔文草草地写道："想象自己像工蜂那样工作了一生，却一无所获，这令人难以忍受——不如想象一位温柔的妻子，坐在柔软的沙发上。"他在笔记的结尾写道："结婚，结婚，结婚。论证完毕。"第二年，他与艾玛·韦奇伍德成婚，两人育有 10 名子女。[113]

富兰克林也知道，"道德代数"其实只是为了给一个更迂回的决策过程提供合理化解释。正因如此，除了决策规则，他还提出了另外一个我之前提到的富兰克林开局法："要成为理性的人是再方便不过的事情，因为只要是想做的事情，都能找到理由。"[114] 面试报告、贷款建议、政策审定、风险评估等工作，都是富兰克林开局法而非富兰克林决策规则的体现。这些文件都是为已经做出的决定提供合理化的文字解释。

然而，很多人依旧认为应该遵循富兰克林决策规则。也许一个男人可以通过想象沙发上的妻子来决定是否结婚，而不是通过死板的成本效益分析。但是这个过程存在缺陷。人们应该好好利用"道德代数"。我们必须尽可能了解目标、状态、行动所构成的关系结构，即便我们无法描述所有的可能性。人类对世界的认知是有限的，但是应当尽可能搜集已经存在的一切信息，预测那些未知的因素。我们应该利用最强大的计算机和分析工具来处理复杂问题。我们要明确我们的目标，专注于目标，对实现目标的每一个进步都给予相应的奖励。

战后的一代人坚信，规划技能和信息技术的组合已经打开了无限的视野。在二战中，苏联集结了大量资源，在击败纳粹德国的过程中发挥了关键作用。列宁也许是个梦想家，斯大林是个"怪物"，但是在他们的领导下，一个农业社会转型成为强大的工业国家。英国与美国也在战时对经济实施了严格的规划指导。

在二战中，同盟国在密码破译方面的工作推动了计算机领域的发展。在位于加利福尼亚的兰德公司，一群智商超群的年轻人（后被称为"神童"）开发出了多项作战研究技术，改善了美国军队的后勤保障，并认为计算机技术可以广泛应用于商业领域。[115]

"神童"后来从政府部门转入商业领域。他们的小组领导泰克斯·桑顿在 1945 年就给亨利·福特二世发过一封电报，表示整个团队都可以为之效劳。福特公司当时的处境很糟糕。亨利·福特作为 20 世纪最重要的商业人物，随着年纪的增长变得独断专行，反复无常。福特公司迫切需要重新调整生产，从而适应和平时期的经济发展。[116] 福特二世雇用了整个团队。团队中最聪明的成员罗伯特·麦克纳马拉被任命为公司总裁，但在几个星期之后就离职了，接受约翰·肯尼迪总统的邀请出任国防部长。当时，福特汽车公司已经成为通过数据和分析进行管理的典范。桑顿对福特的体制感到不安，于是跳槽成为利顿工业公司的首席执行官。该公司是一家被伊戈尔·安索夫推崇为典范的收购狂魔公司。

但是，商业规划方面最突出的发展出现在通用电气公司，它也许是 20 世纪美国最成功的企业。杰克·韦尔奇的前任雷吉·琼斯开发了多个系统负责分析、控制这家大型多元化企业的所有领域。"我可以同时看 6 本规划书，吃透里面的信息，从而提出正确的问题。"[117] 1981 年，在琼斯退休的时候，国防部评论说，他的接班人"可能继承了世界上最高效的战略规划体系，而第二名被远远落在后面"。[118]

如果说现代主义于 1972 年 7 月 15 日下午 3 时 32 分终结，那么"道德代数时代"则于 1968 年 1 月 31 日凌晨 1 时 30 分随着越南南方民族解放阵线对西贡的轰炸而结束。当天发起的"新春攻势"让越南民主共和国损失惨重，牺牲了 5 万多人，其主要军事目标也没有实现。但是，这个看起来并不成功的新春攻势却为越南民主共和国取得战争的最终胜利奠定了基础。[119]

在麦克纳马拉的领导下，越南战争是以数字展开的。有多少对方士兵死亡？有多少村庄投降？对方资源消耗了多少？实际上很难找到这些问题的答案，最多也只是猜测。但是无论怎么猜，这个数字最终都是迎合上级意愿的结果。

这种对量化的痴迷抛开了数据的真实性，也令麦克纳马拉在福特公司的前同事无法理解，他曾这样描述：

算账的人想知道在整个过程中，这个多少钱，那个多少钱——甚至在弄清楚事情如何规划之前，你就要知道每一部分的确切成本。如果不这么思考，那就是撒谎、造假、隐瞒事实……他们总有办法证明自己是对的。总是能往报告里写些东西。他们以为自己是对的，其实不然。[120]

跟普里查德博士一样，麦克纳马拉希望有清晰明确的衡量标准。他们的初衷没有错，但方法错了。他们试图为判断和决策设计一个理性的框架，这没有错，错误在于他们对粗糙量化的依赖。普里查德博士想要对诗歌的完美程度进行量化——这根本不可能。福特公司的人想要算清楚未来驾车者对汽车的需求，麦克纳马拉希望测算出越南的局势。这些任务表面上有可行性，却需要对世界有更广博的认识，而提出建议的人显然不具备这样的条件。这两个过程中的共同错误就是，坚信哪怕最单薄的数据也一定胜过主观的定性判断，可是主观因素必然存在。

在福特公司和越南战争的案例中，富兰克林决策规则和富兰克林开局法被误用了。他们无非都是编造了一些数字来支持上级想要得到的结论。在过去的经济咨询工作中，我们也是这样从中获利的。越南民主共和国的新春攻势虽然失败了，但是更清晰地证明了美军分析师的错误。如果向公众公布的数据是准确的，那么越南民主共和国根本不可能发动进攻。

新春攻势之后不到几周时间，麦克纳马拉就卸任国防部长，随后出任世界银行行长。林登·约翰逊总统也在这一年下台。1975 年越南民主共和国才最终占领西贡，但早在 1968 年 1 月新春攻势发生时，这就已成定局。

1968 年对麦克纳马拉来说是很糟糕的一年，对泰克斯·桑顿来说也是如此。利顿工业的崛起靠的也是"数字魔法"，就像"神童"参与的所有工作一样。利顿工业的股票评级很高，因此公司能利用股票进行收购，既可以提高公司利润，又能为下一次收购提供跳板。但是，当公司业绩开始下滑时，对桑顿的领导水平不再是一致的好评，利顿一向顺利的运作开始瓦解。在之后的10 年里，公司屡屡陷入危机。[121]

福特公司的衰落则是一个更漫长的过程。在 1968 年以前，日本汽车企业已经开始进入美国，打头阵的是本田，而且在将注意力转向汽车市场之前，本田摩托车就给美国摩托车行业带来了重创。本田在美国建立的生产基地彻底改变了这一行业。20 世纪 50 年代的摩托车骑手以凶悍叛逆的形象闻名，就像马龙·白兰度在《飞车党》中塑造的形象一样。本田当时最畅销的车型是50cc"超级幼兽"，主要通过体育用品商店销售，广告标语是"骑本田车，做善良人"。[122]

关于本田的成功，有两种不同的说法。波士顿咨询公司在其编写的一份报告中阐述得很直接：本田在日本的轻型机车市场建立了稳固的成本优势，以此为跳板向美国市场发动攻势。本田的胜利也成为日本引领全球制造业的典范。

美国商业记者理查德·帕斯卡尔采访了当时本田进军美国市场的负责人，这个负责人讲述了另一个迂回的故事。[123]帕斯卡尔的描述表明，日本人当时都认为美国路面开阔，应该只有重型摩托车才会受欢迎。本田公司当时在美国引进超级幼兽，主要是因为公司员工经济条件有限，个人出行可以用轻型摩托车代步。没想到超级幼兽吸引了大众的目光，其中还包括西尔斯百货的采购部门。该公司主要通过体育用品店进行分销，因为传统的摩托车经销商（往往也是忠实的摩托车爱好者）对日本产品持怀疑态度："善良人"的标签是加州大学一个本科生设计的。

上面两个故事都没有确凿证据。本田公司如此成功，如果仅用机缘巧合来诠释未免太缺乏说服力，而且，本田企图直接打入美国传统机车领域的尝试也失败了。但是本田的变通和调整让其获得了成功。该公司利用一种未曾规划，也不可能提前规划的方法最终赢得了胜利。

在政商两界都担任过要职的人中，罗伯特·麦克纳马拉也许是最聪明也最精于分析性决策的一位。在退休后，他的职业生涯可以说是毁誉参半。福特公司面对日本企业的竞争每况愈下。美国在越南战争中失败，他负有很大的责任。他在世界银行任职期间，借贷的扩张虽然推动了发展，但也滋生了腐败。

对于在越南战争中的失败，麦克纳马拉写道：

我们当时——也是一直以来——错误地判断了对手的地缘政治意图……我们以自身的经验来看待越南共和国人民和领导人……对朋友和对手的错误判断反映出我们对这个地区历史、文化、政治的极度无知，对领导人个性和习惯也一无所知。[124]

在越南，麦克纳马拉的方法失败了，因为美国误解了对方目标的本质，也误解了对方实现目标的手段。以麦克纳马拉的话来说，他们对自己面临的复杂环境"极度无知"。"神童"中最优秀的人并不了解——也无法透彻了解——他与之打交道的人，他所攻击的体制，或者他想要用"数字魔法"去发挥作用的环境。

"神童"的方法适用于海军的后勤工作，也适用于数独等规则明确的封闭式游戏，其中的目标和行动都容易了解，并且不容易受到个体反应的影响。如果把这些做法应用到地缘政治事件或复杂的企业经营中，它们必然会失败。这类问题不能用量化的方法来解决，迂回策略才是最好的选择。因为这类问题中的高层目标需要不断调试，在各种不可量化或不兼容的构成要素间不断重新平衡，而且这些要素只能在进程中才能获得更深刻的理解。本田公司掌握了迂回的力量，而麦克纳马拉所掌管的福特公司没有。

第11章

不完整性：
我们对问题的本质知之甚少

所有现实中的问题都处于不完整的状态，处于未被充分定义的状态，要解决问题，我们必须尝试以某种方式使其成为封闭性问题。这意味着决定引入哪些要素，舍弃哪些要素。即便是看似简单的选择，我们也需要为尝试解决的问题做出自己的定义。

海伦·加德纳所面对的是一个文学游戏——挑选最好的英语诗歌，但是游戏规则并不清晰。在定义"最好"的时候，她可能会遇到一些问题，尽管可能只是很微小的问题。出版商要求她只能选择英语诗歌，这是她的基础规则。那么英语诗歌又怎么定义呢？最终，海伦决定把奥尔良公爵、罗伯特·彭斯、威廉·巴特勒·叶芝的作品纳入英语诗歌的范围，排除了沃尔特·惠特曼的作品。我猜，海伦在这个过程中也自己发明了一些规则，最终得出了结论。她采用了富兰克林开局法——为决定找到理由。

海伦所面临的境况就是出版商在委托任务时并没有完整地描述问题，她需要自己把问题阐述完整。不同的文选编纂者可能会有不同的方式来实现这一点。同一个出版商在 35 年前就把任务交给了奎勒·库奇[125]，又在 27 年后把任务交给了克里斯托弗·里克斯[126]，他们各自做出了不同的选择。

库奇和里克斯对哪些诗人、诗歌符合入选诗集的标准有不同的规则。虽然我们有可能会对诗集的好坏做出评判，但是讨论编者的判断标准是对是错没有意义。一个问题可以有不同的定义，不同的定义可能会带来不同的结果。亨利·福特发明了流水线生产，华特·迪士尼发明了卡通，他们都成功地定义了问题。在数百名汽车工程师和企业家中，福特创造的产品和商业模式成为 20 世纪最伟大的新兴产业的基础。迪士尼证明了儿童娱乐可以成为一项具有全球影响力的商业活动。这就是这些人如何建立卓越的企业并积累了大笔财富的原因。

ICI 和波音公司的高管如果要决定业务如何发展，那就要确定业务本身是什么。ICI 可能认为自己的业务是化学工业。波音公司则认为自己的业务是飞机。这些企业都可以用更宽泛或更狭隘的方式来定义业务。比如，ICI 也可以决定公司业务为农业产品，波音公司也可以定位自身为交通运输公司。

在一篇被广泛引用的著名文章中，经济学家西奥多·莱维特鼓励企业以宏观的视角看待自己的业务。他建议铁路公司应该把目光放在交通运输而非火车上。[127] 他也鼓励石油公司深入能源领域，购买煤炭和铁矿。这个策略并不成功。但几十年后，同样一批公司建立了风力发电站，理由是一样的，结果也和之前差不多。

很多公司会花时间讨论"核心业务"是什么。要回答这个问题就要先对业务进行分类。波士顿咨询公司开发的"波士顿矩阵"提供了一个被广泛使用的框架，其中包括"明星业务""现金牛业务（企业现金来源）""瘦狗型业务（待出售或清算业务）"等。[128] 但是，在我看过的分析报告中，高管们钟爱的业务一定会被归类为"明星业务"，不喜欢的必然是"瘦狗型业务"。分析师也采用了富兰克林开局法。

要让一个问题成为封闭性问题，必须决定哪些要素应该被舍弃，哪些要素应该被增加。即使在最简单的问题中，我们的分析也基于对背景信息的理解。心理学家做过一个实验，让人们快速阅读三角框中的文字（见图 11.1）。[129]

大部分人会直接跳过那个多余的定冠词"THE"，读成"A BIRD IN THE HAND"。这是一种错误——实验者是这么认为的。但确实如此吗？难道一板一眼完整阅读的人给出的才是正确的答案？难道不可以说，以常识出发的人哪怕在语法错误的情况下依

图 11.1　一鸟在手？

旧能找出文字的实际意义？

　　在解决问题的过程中，人们必然会带入大量先天和后天形成的常识。在法庭上，陪审团被告知要摒弃庭审之外的一切信息，将所有注意力集中在律师提供的证据和证词上。但实际上没有人能做到这一点，而且这样做也不会得出人们期待的结果。

　　如果凌晨三点一个男人背着一袋东西出现在某户人家的院子里，他说自己是去归还失物的，每个人都会觉得这个说法是荒谬的。那么我们是怎么做出判断的？判断的依据就是所谓的常识。缺乏常识的人往往会在日常生活中遇到很多问题。患有孤独症的人无法通过隐性的背景信息做出判断。完全按照规则行事而不用常识加以变通，往往会降低效率。

　　实验心理学家彼得·沃森在 40 年前设计了一个实验，旨在证明背景信息的重要性。自那之后，很多同类实验频繁出现。请看图 11.2 中的两个问题。

抽象问题

"如果卡片的一面是动物，那么另一面是双数。"
如果要确认这一命题为真，你需要翻几张卡片？

具象问题

"未满18岁，不能饮酒"。
如果要确保这一规则得到了落实，你需要检查哪几个人？

图 11.2 沃森实验的第一部分和第二部分

（图片来源：鲍勃·巴尔卡尼、胡安·席尔瓦、DAJ、Image Source）

　　面对第一个抽象且没有现实意义的问题，大多数人都搞错了。但是第二个具象问题对人们来说却似乎很简单。两个问题的逻辑是一样的。第一个问题，左边两张卡片的背面是什么并不重要。我们只需要翻转右边的两张卡片，看 3 的背面是不是动物，犀牛的背面是不是双数，就足以判断命题是否为真。第二个问题，只需要检查第三张图片中人物的年龄和第四张图片中的饮料，就足以做出判断。我们以迂回的方式解决问题，因此，即使问题的逻辑相同，人们解题时也会感觉不一样。我们解决实际问题的能力超过逻辑推理的能力。如果问题的背景是社会场景而不是自然场景，如果其中牵涉规则的实施而不仅仅是陈述和推演，那么解题的过程会更轻松。解决问题的方案依赖背景信息，这与问题本身一样重要。因此，解题的方式必然是迂回的。

那些在解决方案中需要预测未来的问题，从原则上就无法成为封闭性问题。伊拉克战争的结果是什么？中国崛起的经济影响是什么？经济和政治体系将如何应对气候变化？这样的问题从根本上说是开放的。我们无法用概率术语来描述答案的范围，就算是再过几十年，人们也会对答案存在争议。

人类不仅对未来知之甚少，而且对未来缺乏足够的想象力。当下人们所关注的问题根本不是 20 年前人们所关注的问题。

曾经存在的诸多不确定因素今天已经明确，而且极少是以人们预期的方式明确的。关键不是人们没有预料到答案，而是人们没有预见到真正的问题。没有人预测到 20 世纪的灾难——第一次世界大战，流感大流行，纳粹大屠杀。也没有人预测到 20 世纪的政治和经济变革——苏联的崛起和解体，去殖民化，信息技术的发展，女性社会角色的变化。

人类想象力的匮乏是无可避免的。如果你能预料到计算机的功能和用途，你早就开始研究如何开发它了。描述一项未来的政治运动、经济理论或哲学思想就是要将其带入现实。未来重要的事情大多是我们现在所不知道的，它只存在于未来。直接的理念需要人们拥有预测未来的能力，但是这种能力是我们无法拥有的。

第12章

抽象性：
模型是对现实不完美的描述

抽象就是将无法完整描述的复杂问题简化成我们认为可以解决的更直观的问题。但是衡量简化是否合适需要依赖个人的判断和经验，因此这种简化具有特异性和主观性。

我以前对伦敦还不熟悉，有一次受邀去海德公园附近参加晚宴。朋友告诉我，离他们家最近的地铁站是兰开斯特门站。当天，我搭乘火车到达伦敦的帕丁顿车站。下车之后，游客的选择一般就是搭乘地铁，于是我就上了地铁，从帕丁顿车站一直坐到兰开斯特门站。地铁路线图上显示，我的路线很简单，只要在诺丁山门站换乘一次即可（见图 12.1）。但是，这看似简单的旅程却让我绕了个大圈子。

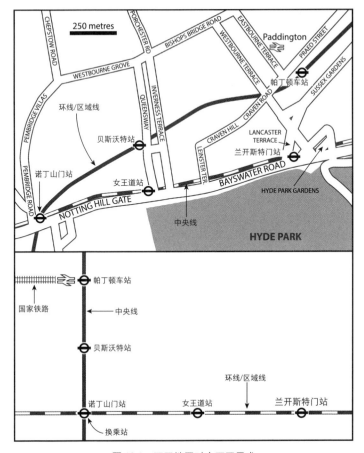

图 12.1 不同地图对应不同需求

到了晚宴上，大家在听说了我的"行程"后乐得不行。我一脸尴尬，发誓再也不会相信伦敦地铁路线图了。其实，伦敦地铁路线图作为拓扑地图的典范，在世界各地被广泛效仿。它也引导成千上万游客顺利到达了目的地。

地图是人们比较熟悉的决策模型。从设计理念上看，地图就是将复杂的现实状况进行简化。豪尔赫·路易斯·博尔赫斯[130]讲过一个关于设计完美世界地图的故事。那些设计者发现，要精确完整地反映世界全貌，唯一的方法是复制现实中的世界，结果他们制作出了毫无用处的地图。

在商业、金融、政治领域，抽象的常见形式就是模型。和地图一样，模型就是选择性简化。其理念是用一个完全确定且足够简单的、可以通过计算获得答案的问题来模拟不确定的实际问题。但是，正如我去海德公园附近赴宴的例子一样，我得到的答案也许可以准确对应模型中的问题，却不是解决现实问题的正确答案。

假设你来到一个公交车站，你知道公交车每 10 分钟一班。几分钟后车还没有到。你会怎么做？一个简单的模型能帮助你做决定。如果公交车恰好是每 10 分钟一班，那么你等待的时间越长，下一分钟公交车到达的概率就越高。比如：当你刚到达车站时，公交车下一分钟到达的概率是 10%；5 分钟后，公交车下一分钟到达的概率就是 20%；如果你已经等了 9 分钟，那么下一分钟公交车到达的概率就是 100%。

当然，这个模型很粗糙。即使运营最出色的公交公司也不可能确保公交车到站间隔刚好就是 10 分钟，最多是平均间隔 10 分钟，所以有时候乘客要多等一会儿。一个更复杂的数学模型可能会将到达时间的随机性考虑在内，但简单模型的基本逻辑仍然成立：等待的时间越长，预期继续等待的时间越短。

很多人等了几分钟就有些着急了，甚至开始怀疑车是不是真的很快就会到。要是等了11分钟或12分钟后，很多人肯定烦躁得不行了。这也是有道理的，如果模型对客观情况的描述没有问题，那么大家完全没有必要焦躁。但是在11分钟之后，大家已经开始怀疑这个模型是不是真的准确了。可能他们看的班车时间表不对？可能路线改了？可能站点取消了？可能车子在路上遇到事故了？总之，模型失效的原因有很多，猜都猜不完。再过一段时间，比如15分钟、25分钟，很多人就会得出结论，模型无效，然后开始选择其他线路。

在公交车站等车，其实也是在依据心理模型采取行动。可能只有数学家才会把我列出的方法形式化，但即便没有认真做计算，大家也会以同样的机制采取行动。公交车到达的不确定性有两个要素。一个是模型参数，即模型中存在的随机性：已知的未知因素。另一个是模型对现实世界的相关性：未知的未知因素。第一个要素可以进行客观描述，第二个要素无法进行客观描述：没有也不可能有分析说等待20分钟是正确的，等待25分钟是错误的。

当新数据出现时，比如公交车没有来，等车的人面临的问题是：要把新数据作为模型参数的新数据还是模型相关性的新数据。对数据的解读不同，最终的决策也就不同。如果是作为模型参数的新数据，那么车没来这一数据带来的决策就是继续等待；

如果作为相关性的新数据，车没来会让人怀疑模型从一开始就是错误的。

在 21 世纪的第一个十年，银行业认为风险管理是可以限定范围并做出相应计算的问题，就像计算公交车什么时候会到的问题一样。但是，最终我们知道这个想法是错误的。当时银行业广泛使用的分析方法叫"风险价值"（VAR），由摩根大通精心设计。该银行将之前用于内部的分析模板命名为 RiskMetrics，并将其推向市场，该模板目前仍在普遍使用。[131]

这些风险模型基于对独立资产或资产类别波动性的分析，以及对不同资产表现的（至关重要的）相关性分析。大多数风险价值模型的标准假设是，投资收益呈正态分布，即遵循很多自然现象和社会现象的分布趋势，未来的相关性与曾经的相关性一致。

对于收益正态分布的设定在平时可能没有问题，但是在非常时期呢？更成熟的企业会用自身的经验来检验自己的模型。但是，经验来自过去，在过去企业又没有遇到需要利用该模型来预测的问题。如果企业管理人员一直使用模型直到银行倒闭，那他就像在公交车站等了一小时公交车还没走的人。

对想要争夺客户资金的银行、保险公司、对冲基金来说，有一点可以确定，它们提供的数据并不是来自破产时期。金融机构使用的风险模型说明了一点，它们不太可能因为模型中包含的原因而破产，但这并不意味着它们不会破产。历史一再证明了这一点。

这些抽象模型仍然相对简单，因为像数独游戏一样，它们不涉及现实世界中产生的互动关系。国际象棋有很多特点与数独游戏相似，但是因为存在可以做出不同选择的对手，这大大增加了它的复杂性。

在国际象棋中以直接方式取胜，其难度可能超出了20世纪60年代乐观主义者的预想。不过，在1997年，IBM（国际商业机器公司）的深蓝计算机打败了国际象棋世界冠军加里·卡斯帕罗夫。IBM如释重负，在比赛后宣布深蓝退役。[132] 即使在国际象棋中，在有限的走法范围内，可能结果的数量也是极其庞大的，计算机难以进行详尽的计算。博弈论对此类迭代过程进行了描述，其中最基本的解决概念叫纳什均衡，在国际象棋中，就是假设两名棋手都采取最佳策略。

国际象棋中也存在纳什均衡，只是没有人知道是什么样的。因为在有史以来的每一局棋中，至少有一名棋手能下出比之前更好的走法。而且，我们从来都不能确定，更好的走法确实不存在了。我们无法辨认国际象棋中出现的纳什均衡，因为我们无法确定两名棋手都已经下不出更好的走法了。在国际象棋中，白棋有可能总是强势获胜，黑棋也有可能至少取得平局。我们无法确定，我们似乎永远也不会确定。[133]

而且，就算我们明确知道什么是最好的走法，对棋手也没有任何帮助。假设有一本描述完美棋局的书，其中的每一步都很完美，然后你就照着这本书跟卡斯帕罗夫对决。但只要他下出书上没有的一步或两步不完美的走法，这本书就失效了，你必然会输给卡斯帕罗夫。如果这本书要确保你获胜，必须罗列出对每一个可能出现的走法的最佳反应。也许耗尽世界上所有的纸也印不完这本书，就算耗尽所有的电力来驱动计算机也算不出结果。

现在，最强大的计算机可以和最高超的棋手不相上下。最厉害的国际象棋计算机由机器的计算能力与大师团队的专业技能结合而成。价格低廉的计算机程序能打败普通的棋手，只是因为它是用专家的技能编程设计的。计算机是一种高效的决策辅助工具，而不是一个高效的决策者。

在最后通牒游戏中，两个人必须就如何分享 1 英镑达成共识，否则他们什么都得不到。有一种说法是，任何提议都会被接受——1 便士也比什么都没有好，而且，既然对另一个玩家来说也是如此，你就应该要求 99 便士。但在实际情况中，许多人即使面临什么都得不到的结果，也会拒绝较低的分配比例。还有很多实验以两个玩家平分 1 英镑而结束。[134]

为什么人们会有这样"非理性"的表现呢？其实并不难理解。人们解决问题的方式是迂回的，会受到具体情境的影响。也许一方对另一方有好感，也许一方想树立强硬谈判者的形象，也许有人对过低的分配比例感到愤怒，也许很多人坚信平分才是公平的。

实验者试图消除这些主观因素的影响，于是让受试者进入独立的房间，看不到彼此，而且只能报价一次。实验者希望以明确的封闭式问题，让受试者不受社会、经济因素的影响。他们尝试构建的问题当然就是直接理念能给出准确答案的问题。

因此，实验者只是用自己所能解决的问题替代了现实中人们面临的问题。他们把受试者设定为研究对象、玩家，而不是现实世界中的人，这就会带来很大的差异。在现实世界中，人们对自己的目标或者另一方的目标是不确定的。最后通牒游戏只是从表面上再现了实验者的问题。而现实世界中的问题从来都不能像实验中那样是封闭式的或者那般简单。

日常生活中也有类似的最后通牒问题，比如买新车时议价，其实买家并不知道这个"博弈"中的所有选项。从更宽泛的意义上看，我们无时无刻不在与家人、朋友、同事、雇主等进行着谈判。我们也会根据谈判的具体情境来选择各种迂回的方法，而对方的情绪、我们对公平的理解也会影响我们对最后通牒问题的反应。

模型是对现实世界的简化，而简化又是主观的。我用伦敦地铁路线图走错路，不是地图的问题，是我使用地图的问题。那个路线图上只是提供了从帕丁顿车站到兰开斯特门站的最佳地铁路线，但是它没有解决的问题是：从帕丁顿车站到兰开斯特门站有没有必要坐地铁？这个模型和这个问题并不匹配，但是我没有晚宴上其他宾客所具备的背景知识，所以我根本发现不了这一点。

这个问题我处理得很糟糕，因为我的方法太直接了，看了一眼伦敦地铁路线图，买了一张地铁票，走！如果我下火车后先在帕丁顿车站询问一下如何去海德公园，我就会节省很多时间。如果我在地铁帕丁顿车站的人工售票窗口说要买一张去兰开斯特门站的票，好心的售票员也可能会告诉我，这种方式太愚蠢了。

不过，计算机正在取代人工售票窗口。我后来（2009 年）在伦敦交通局网站上查询帕丁顿车站到海德公园的路线，得到的建议是先乘一辆相反方向的公交车到达某站点，再从那个站点步行返回帕丁顿车站，然后直接走到海德公园。这个建议路线的逻辑荒谬得可笑，而它却是伦敦公交系统所能提供的最佳路线。当然，网站并没有考虑到的一点是，不乘公交车才是最快的路线。计算机面对的是一个错误的问题，因此最直接的答案在现实世界中却绕了一个大弯。

迂回的应对之道

第13章

历史是摇曳之灯:
为什么人们经常根据结果评判过程?

约翰·斯卡利于 1983 年至 1993 年担任苹果公司首席执行官。他在《新闻周刊》的采访中详细回顾了自己的任期[135]，从荣光耀眼到背负骂名，到底发生了什么？斯卡利在任期间，苹果的用户友好型鼠标和台式机让每个人都有了使用个人计算机的机会。但他在苹果任职的这段时间里，竞争对手微软公司成了行业的绝对主导力量。成也萧何，败也萧何。为什么呢？

该杂志的分析忽略了一个显而易见的答案：苹果公司的成功和失败与斯卡利并无太大关系，他只不过是一位能力突出的企业管理者，随着科技行业的过山车经历跌宕起伏罢了。哲学家阿拉斯代尔·麦金泰尔早就给出了精妙的总结：

> 大公司总裁无法控制美国的一个关键原因就是，他们甚至无法控制自己的公司……当组织技能和权力得到应用时，预期的效果会随之而来，我们所看到的一切无异于一位牧师在干旱结束前恰巧祈祷了下雨。[136]

人们往往通过伟人的生平来回顾历史。这种倾向让我们忽视了政治、商业和金融本身的复杂性。因此，偶然与即兴成就的事情却被认为是意图与计划的产物；迂回得来的结果却被视为简单直接的收获。托尔斯泰以个体参与者的视角回顾了拿破仑侵俄战争，否定了历史决定论。在对博罗季诺战役的描述中，他写道："拿破仑并没有主导战争的进程，因为他的命令并没有被执行，而且在战争中他也不知道发生了什么……只是在拿破仑自己看来，一切都在按他的意志进行。"[137]

2002年5月21日，英国《每日电讯报》的头版头条是"大卫·贝克汉姆的天才思维"。几个月前，这位知名足球运动员在关键时刻，凭借一记出色的进球让英格兰国家足球队击败希腊，闯入世界杯。谢菲尔德大学计算流体动力学专家马特·卡雷博士分析了这一过程：

> 在距离球门 27 米开外，球以 80 英里 / 小时的速度被踢出，在飞行过程中由于旋转而横向移动 2 米多，在后半段突然减速至

42 英里/小时，从球门左上角冲入。这种突然减速是因为球体周围的空气流动模式发生了变化（从层流模式到湍流模式），阻力增加了 100% 以上。[138]

卡雷博士写道："贝克汉姆本能地应用了非常复杂的物理计算，踢进了伟大的一球。"但这根本说不通。贝克汉姆并不是物理天才。而且，球场上千钧一发，他怎么可能在脑海中解出一组复杂的微分方程？

人类的思维习惯会本能地寻找万事万物的规律和根源，这种思维通常是有价值的。但是，这种本能也使我们不由自主地在随机事件中寻找模式，总结出本不存在的起因。人们总认为，即便是迂回的事情也一定有直接的原因。比如，体育迷会相信"手感来了"，分析师觉得通过查看过往数据就能推测股市走势。即便事实反复证明，比赛中的分数或股市中的数据是随机产生的，他们也坚信自己的想法。[139]

在《随机漫步的傻瓜》一书中，纳西姆·尼古拉斯·塔勒布描述了人们在商业、金融领域总是一再被随机性愚弄，他们从一连串的成功事件中总结经验和方法，尽管无论是统计分析还是访谈研究都无法为这些方法提供证据。[140] 远古时代，人们认为雷电或地震是天神震怒的表现。而现在，受过教育的人却将人格赋予地球、金融市场，认为所有事情的发生必定缘于某个领域某些人的有意为之。

目的论谬误指的是通过结果推断原因，这是人类最常犯的错误之一。现在，我们在面对自然界所发生的一切时很少再犯这样的错误，但是在商业和政治领域，普遍的观点依然是，好的结果来自好的设计，反之亦然。托尔斯泰做过如下描述：

> 学识渊博的军事学家在探讨失败的战斗时，最深谋远虑的部署和命令也会被说得非常糟糕；在谈及胜利的战斗时，最肤浅粗糙的部署和命令也显得特别富有远见卓识，甚至还有人写出长篇大论肯定其优点。[141]

现在，我们把这种现象称为光环效应。

瑞典－瑞士联合工程集团 ABB 是工程领域的巨头，20 世纪 90 年代在商学院、咨询公司、新闻圈广受赞誉：它是第一家真正意义上的跨国企业，发明了新型组织形式，是后工业时代的"组织典范"。[142] ABB 集团多次被评选为欧洲最受尊敬的工业公司，人们对其首席执行官珀西·巴内维克的颂扬甚至超过了对公司的评价。

2002 年，ABB 集团的营收和利润暴跌，负债累累，举步维艰。到了这个时候，"巴内维克为公司远距离部门所设计的去中心化管理结构被认为是引发冲突和沟通问题的原因"。[143] 巴内维克曾受到无数赞美的魅力、远见与胆识现在被描述为自负、激进与狂妄。可是，集团的结构一直没变，巴内维克的性格也没有变，变的是公司的业绩，以及人们看待公司和巴内维克的目光。[144]

同样，安然公司在其股价上涨阶段也被认为是企业组织的新典范，在其破产的时候又被认为是滋生腐败的温床。在 2007 年之前被视为可以分散、降低风险的金融创新，在 2008 年之后又被视作导致金融系统不稳定的根本因素。

这里的问题在于，在无法观察、理解过程本身的时候，人们就在结果和过程的关系上做出了推断。博罗季诺战役是多个分散部队的混乱交战；安然的组织架构使其活动分布广泛，没有一个高管能够控制其运作。

理解球体运动只是为了理解经过精准判断的射门是如何命中的，但这不是射门的成功方法。成功的企业可能会长期最大化股东价值，但这并不意味着它们已经掌握了计算活动产出的方法。贝克汉姆并没有算出自己运球的方程。模仿成功企业的做法就相当于你踢球时试图模仿贝克汉姆的动作，这些拙劣的效仿都不会成功。

ICI 在 20 世纪 50 年代分析预测出其制药部门在 2000 年的市值。公司可以把数字输入现金流计算公式，预测出公司在制药业务中的早期投资回报率。我也很乐意为其建造一个这样的模型。但是，这种计算可千万不要当真。

ICI 并不能准确计算出公司政策带来的结果，但这不意味着公司的活动都是随机进行、毫无章法的。ICI 通过负责任地应用化学，以明智的行动实现了高层目标。我们不能从结果反推意图。这并不是说意图对结果没有影响。拿破仑在历史上的作用可能被夸大了，斯卡利可能也不是苹果公司成功或失败的原因。但是拿破仑确实对当代欧洲的形态有所影响，斯卡利要对在任期间苹果公司的发展承担一定责任。贝克汉姆当然想进球，比尔·艾伦确实想建立伟大的企业。沃尔夫当然想拿下魁北克，日军当年也确实想攻占新加坡。

在第 7 章，我基于问题的特征进行了描述，以直接和迂回为两极。同理，决策风格也有一个以直接和迂回为两极的区间。

○ 直接决策者认为意图与结果之间存在直接联系；迂回决策者认为意图无法也不足以保证结果的产生。

○ 直接决策者在解决问题时会考虑所有可能的选项；迂回决策者则会从有限的范围里进行选择。

○ 直接决策者会搜集所有的信息；迂回决策者会意识到个人认知的局限性。

○ 直接决策者会将目标范围最大化；迂回决策者则会随机应变。

○ 直接决策者总能够为自己的选择找到解释；迂回决策者只是有时候能找到正确的答案。

○ 直接决策者认为指令产生于清晰的头脑；迂回决策者认识到指令有时候是自发产生的——没有人对其有完全的把控。

○ 直接决策者认为一致性至关重要，同样的问题要用同样的方法解决；迂回决策者从来不会遇到与之前一样的问题。

○ 直接决策者强调过程的合理性至关重要；迂回决策者认为决策本身就是主观的，良好的判断更重要。

在本书中，我会一一讨论上述问题（见表 13.1）。

表 13.1　直接决策与迂回决策

	章	直接	迂回
意图	13	发生的一切都是意图所致。	结果产生于复杂的过程，没有人能够完全参透。
有限的选择	14	审查所有可能的选择之后才能选择相应的行动。	在有限的选择范围（通过不断比较）内选择行动。
信息	15	在全面考虑一切信息之后做出决策。	在认识到信息有限的条件下做出决策。
折中主义	15	良好的决策一定有明确的目标阐述和对世界清晰的认知。	良好的决策在选择模型、阐述方法和依据来源方面是有选择性的。
适应	16	最佳结果来自有意识的最大化运算。	最佳结果来自对不断变化的环境的不断适应。
专业知识	17	有明确的规则可以让人们（或机器）找到解决方案。	专业人士可以做到其他人无法完成的事，其学习过程也必然充满困难。
目标	18	指令来自唯一的头脑。	指令通常是自发产生的。
一致性	19	理性决策者坚持一致性。	一致性只是一种次要的甚至可能会带来危险的优点。
过程的合理性	20	好的决定源自审慎规范的计算过程。	好的决定源自好的即时决断。

迂回的决策者明白，意图与结果之间的关系无论在事前还是事后都不可能完全明确。后见之明意味着人们已经戴上了有色眼镜回顾过去，但即便是在事后，我们也无法真正弄清楚起因和结果。1938 年 9 月，内维尔·张伯伦结束慕尼黑会议回到伦敦，宣称已经迎来"我们这个时代的和平"，受到人民的热烈欢迎。[145] 18 个月之后，他被迫辞职，心力交瘁，数月后因癌症离世。丘吉尔在下议院为其致悼词：

人类很幸运，没有生来就准确预见未来的能力，否则生活将变得无法忍受。人类的所作所为在这段时间好像是对的，到另外一段时间好像又错了。然而，几年后，在漫长、深入的观察过后，所有的事情又彻底变成了另外一番模样。判断事情的标准在改变，当衡量其价值时，便有了新的方法。历史提一盏灯，沿着过去的轨迹蹒跚前行，试图重演当初的场景，重现它的回声。[146]

第14章

斯托克代尔悖论：
为什么选择总是比想象的少？

迂回的决策者仅会考虑理论上可行的一小部分选择。拿破仑没有主导博罗季诺战役的进程，因为在大部分时间里他并不知道战场上发生了什么。斯卡利当时在苹果公司的境况也十分相似。贝克汉姆在球场上踢出那一记关键球之前更没有时间去权衡自己有什么选择。

因犯所面临的选择更是有限。逐利悖论的提出者吉姆·柯林斯曾经采访美国海军上将詹姆斯·斯托克代尔。他是在越南战争期间被俘的美军中军衔最高的将领，被关押在越南战俘营长达 7 年，其间多次经受严刑拷打，最终于 1973 年被释放。（1992 年，罗斯·佩罗选择独立竞选总统，提名斯托克代尔作为副总统候选人，结果并不理想，斯托克代尔因此抱憾退出政坛。）

在柯林斯的叙述中，斯托克代尔描述了他的生存境况。斯托克代尔既坚信自己能够挺过难关，又清醒务实地对待日复一日的困境。柯林斯将这称为"斯托克代尔悖论"。[147] 他坚信自己能够活着走出战俘营，同时也认识到除了接受当前的境况没有其他选择。关于他如何生存的计划，不仅没有用，还可能给他带来更大的打击。他发现，很多在战俘营里死去的人都是乐观主义者，他们不断地告诉自己："复活节到来的时候我就能出去了……感恩节到来前会出去的……圣诞节到来前会出去的……"最终，希望一次次破灭，他们的精神崩溃了。

深陷越南战俘营，斯托克代尔对自己命运的掌控少之又少。处在其他极端困境中的幸存者也有类似斯托克代尔悖论的体验。在不清楚未来何去何从又无法掌控现状的时候，他们依然实现了生存这一高层目标。

罗伊·詹金斯精准地总结了这个问题："当稻草无法提供支撑时，一厢情愿的人放弃挣扎与稻草一同下沉，'救命稻草'反倒会要了命。"这也是 1940 年温斯顿·丘吉尔赴任首相时所面临的境况。[148] 在法国沦陷后，丘吉尔重申了英国的高层目标——不是生存，而是胜利。其实，当时的丘吉尔以及其他英国领导人对如何实现这一目标并没有切实的构想。

德国入侵英国从多方面来看都是非常危险的举措，但是英国在没有充足支援的情况下直接向欧洲大陆进攻也是难以想象的。丘吉尔知道，要实现高层目标，美国参战是一个必要条件，但是他还没有能力实现这一点。1940年夏天，当丘吉尔发表那番振奋人心的讲话时，他没有预料到德国会入侵苏联，日本会偷袭珍珠港，这些是导致美国参战的重要事件。

在斯托克代尔和丘吉尔身上，迂回是形势所迫，对我们每个人来说，又何尝不是？人们当下可能会认为自己对生活的掌控、对世界的了解、对未来的把握有充分的信心，但现实一定会超出人类可掌控、可了解、可把握的范围，这种"认为"不过是幻觉。在当代世界中，美国总统所掌握的权力和决策的影响范围应该鲜少有人能及吧。这么说，总统可不需要迂回了。

但事实并非如此。当斯托克代尔被捕的时候，美国当时的总统是林登·约翰逊。作为参议院多数党领袖，他也曾是迂回的高手，展现出了处理人际关系、推动意见统一的才能。[149]但是，约翰逊后来陷入了一系列导致社会分裂的错误。约翰逊的继任者、斯托克代尔被释放时的总统理查德·尼克松则走上了错上加错的道路，最终只能辞职以免遭议会弹劾。

约翰逊和尼克松都拥有巨大的权力，但他们仍然高估了这种权力。他们认为自己可以构建出伟大的社会，推动世界和平，实际上他们只能在摸索中前进。他们高估了自己的实权，想象自己能够掌控所在的环境，却没有意识到自己的行动在很大程度上会受到现实条件的制约。将高层目标转化为中间目标和具体行动之后，他们就只盯着这些目标和行动，全然不顾实现眼前的行动不再有利于高层目标，甚至已经对其造成了危害。

约翰逊和尼克松都拒绝承认他们所追求的中间目标是无法实现的，而他们身边的智者，比如麦克纳马拉，早已明白了这一点。对约翰逊来说，在越南的成功本身就是一个目标，它的不可实现性让他的总统生涯走向终点。尼克松执着于自己的连任，最终产生了适得其反的效果。他们误解了自己的权力，不仅没有实现过分看重的中间目标（前者是在越南战争中取得胜利，后者是击垮政治对手），也因此没有实现他们所设定的高层目标。

20世纪最成功的美国总统富兰克林·罗斯福很清楚，如果要实现高层目标，那就必须不断调整中间目标和具体行动。罗斯福将他的方法描述为"大胆而持续的实验"。他说："要勇于尝试，如果失败了，坦率承认，然后尝试别的方法。"[150]

罗斯福获得成功，基础就在于将高层目标与中间目标、具体行动结合起来，但是不在某个目标或行动上做出不切实际的承诺。两个目标都是在他就任总统早期就设定的。他需要与美国商界斡旋，寻求共识，以确保美国资本主义的生存。同时，他又要让国家做好准备，应对来势汹汹的德国与日本。在选民和国会还没有考虑美国参战的意义前，罗斯福早已意识到冲突的存在。

罗斯福受到世人的敬重，因为他所设定的高层目标都实现了。而且，面对自己以及参谋团队无法预测或控制的境况，他凭借审时度势、随机应变的行动实现了目标。19世纪最伟大的美国总统亚伯拉罕·林肯在维系联邦统一的道路上也有着同样的理念。罗斯福和林肯都明白，如果过于直接地追求目标，很有可能无法实现目标。他们的迂回给周围的许多人和后来研究其生涯的历史学家带来了困惑。当回顾历史，读到罗斯福如何让美国走向那场无法避免的战争时，我们总是不禁会问："为什么他不快点儿出手？"罗斯福更清楚，他的目标只有在迂回的情况下才能实现。

罗斯福和林肯都知道，自己的权力无可避免地受到多种因素的制约，如目标的不精确性、环境的复杂性、外界反应的不可预测性、问题本质的开放性。所有这些因素都意味着，即使是世界上最有权力的人，也必须在有限的范围内做出审时度势的选择。

第15章

刺猬和狐狸：
好的决策者会承认自己所知有限

伟人的选择不多，不仅因为权力有限，也因为他们有时候无法确定选择是什么。斯托克代尔、罗斯福、丘吉尔都需要对自己面临的问题的本质做出假设。在斯托克代尔的境遇中，他掌握的信息几乎为零，既不知道战争的进展，也不知道有没有推动战争结束的事件。

罗斯福和丘吉尔掌握了能力所及的所有信息，但也只是有限的信息。德国入侵苏联、日本偷袭珍珠港，这两个扭转丘吉尔运势的事件对丘吉尔本人来说也是意料之外的事情。虽然我们在回顾历史时发现了很多清晰的警示信号，但是对斯大林和罗斯福来说，两个事件同样在意料之外。是的，这些领导人已经掌握了高质量的情报，却依然未能解读出其中的信息。

相较于德国入侵苏联、日本偷袭珍珠港，金融市场上的决策可谓小巫见大巫，但也确实在金融史上留下了不可磨灭的印记，比如巴菲特购买可口可乐公司 10% 的股份，比如索罗斯做空英镑。如果说有哪一项独立的活动能够客观检验个人决策的好坏，那就是投资。成功的投资往往与成功的个人有关。这些人有两个突出的决策动作——买入、卖出，而且，决策过程往往是同行之间的较量。

当代最成功的投资者当数巴菲特和索罗斯，前者购买了可口可乐公司 10% 的股权，后者做空英镑，致使英国退出欧洲货币体系。两人在投资领域的成功持续了很长一段时间，他们的业绩在个人才能得到广泛认可后依旧辉煌。两人智商超群，能言善道，对自己的投资理念和方法总是侃侃而谈。但是，两人都有一个令人意外的特质，那就是谦虚：他们总是能够坦言自己的无知，也不避讳承认自己的错误。当然，如果对谦虚定义得宽泛一些，他们也不太符合标准——两人都对自己的成功感到自豪，对成功也绝对不会遮遮掩掩。

在很多行业中，查理（指查理·芒格，巴菲特的长期商业伙伴）和我都无法确定我们面对的是"宠物石头"还是"芭比娃娃"。而且，即使我们花很多年时间研究，也解决不了这个问题。有时候，我们智识上的短板会影响自己的理解，有时候，行业性质本身就是阻碍。[151]

巴菲特希望将注意力放在少数他认为可以理解的领域，让生活中少些意外。但是政治家、商人往往不敢有这种奢望。索罗斯也嘲讽过自己的无知：

我在金融领域的成功与我预测事件的能力形成鲜明对比。在这方面，我们必须区分金融市场事件与真实世界的事件……即便在预测金融市场方面，我的表现也不太理想，说得好听一些就是，我的理论框架能够让我在事件发生时认识其意义，但即使是这方面的表现也并非毫无瑕疵……就现实世界中的事件而言，我的预测简直一塌糊涂。我预测的突出特点就是，我一直在预测不会成为现实的事情。[152]

巴菲特和索罗斯在行动上都很果断，在思想和个性上却各有不同。在一篇著名的文章中，以赛亚·伯林借用了托尔斯泰对刺猬和狐狸的比较。狐狸的行动迅速而迂回，刺猬的行动缓慢而直接。狐狸掌握的知识广博而浅显，刺猬苦心孤诣，专一求精。两种类型的人都在历史中发挥了重要作用。如果说罗斯福是狐狸，那么丘吉尔就是刺猬，两位都是伟大的领导人。罗斯福带领国家挺过了艰难的岁月，丘吉尔则带领国家在生死存亡的危机时刻取得了胜利。[153]

在一项关于政治专家预判的长期实验中，政治学家菲利普·泰洛克利用了这一分类法。[154] 在 20 多年的研究中，他让受访者就政治事件做出预判，然后在事后评估他们的预判。专家们并不太擅长预测未来。这点在预料之中，毕竟，世界如此复杂，充满不确定性，人类的理解总是不完整的。

但是泰洛克最突出的发现在于，尽管狐狸型政治专家在预测方面表现更好，但是刺猬型政治专家在公众赞誉方面得到更大的肯定。狐狸型的人知道自己知识有限，而刺猬型的人知道答案。刺猬型的人可以为记者带来头条新闻，他们的自信满满也吸引了政治家和商界领袖的目光。哈里·杜鲁门总统曾说，经济学家总是爱说"一方面……另一方面……"，能不能找个只有"一方面"的经济学家。审慎的判断往往需要看到事情的不同面。当直率的"刺猬"清晰地阐述对未来的预期时，它总是能比回答模棱两可的谦卑的"狐狸"吸引更多受众，即使大家最终没有从刺猬的预测中获得有用的信息。

经济学家约翰·凯恩斯曾经回忆与物理学家马克斯·普朗克的一次对话，这位物理学巨擘竟然表示，自己避开经济学是因为它太难了。普朗克在智识上是一只刺猬，他凭借杰出的的学术成果获得了诺贝尔物理学奖。凯恩斯则是一只狐狸。凯恩斯说，对经济的理解需要结合逻辑、直觉以及对事实的广泛了解，而其中大多数事实都是不精确的。这个要求对部分人来说是极其困难的，他们的天赋在于想象并深入探究相对简单但精确度极高的客观事实。[155]

如果说罗斯福是政治领域最厉害的狐狸，凯恩斯就是学术领域最厉害的狐狸。他凭借融会贯通的知识和广博的兴趣爱好，成了 20 世纪最出色的经济金融评论家。凯恩斯从来不会用任何单一的概念来诠释社会或经济现象。

在凯恩斯的时代，最常被刺猬用来统一解释经济和政治事件的一个大思想是马克思主义社会主义。在 20 世纪后期，社会主义的吸引力随着苏联解体和东欧剧变而变弱，其他意识形态，如市场原教旨主义和环境主义随即出现。

正如凯恩斯与普朗克在交流中所强调的，最有用的经济和政治知识不是这种简单、普遍的知识。刺猬丘吉尔在一件大事，也许是 20 世纪最重要的事情上进行了准确预判，并迎来了绝对正确的大结局。但是在其他事情上，他的判断力并不好，他所支持的事情走入失败境地：1915 年的加里波利之战，1925 年恢复英国金本位制，1936 年在爱德华八世的退位事件中对其表示支持，以及固执地反对印度独立。

当简·雅各布斯批判现代主义城市规划师缺乏想象力时，她其实指出了微妙的一点。乍一看，寻求重建城市的设计师似乎在发挥想象力创就一番伟业。但实际上，勒·柯布西耶设计的特点就是痴迷于追求个人构想的实现。没有人能以一种具体的方式设计出一个300万人口居住的城市。城市的创造需要多重目标，人与人之间的互动至关重要。人群的组织很复杂，我们的理解并不完整，而勒·柯布西耶的设计和罗伯特·摩西的规划却仅仅基于粗糙的模型和简单的重复。

在坚信自己可以"再造企业"的大师中，在以同样视角看待所有政治事件的理论家中，在以极其夸张的速度预测科技或地缘政治趋势的人士中，同样的简化和重复也会出现。他们都缺乏理解复杂环境的想象力。刺猬会竭力寻找大脑中已经形成的答案，哪怕那个时候问题还没有出现。

在约瑟夫·康拉德的小说《台风》中，麦克维尔船长是缺乏想象力的典型。在热带风暴来袭时，他坚持前行，勇敢无畏，凭借出色的技能带领船员克服困难，战胜逆境。麦克维尔船长丝毫不向迂回的航线妥协，他对大副朱克斯说："避风行船的规则在你看来也许合理，在我看来是极其疯狂的。"[156]（值得注意的是，船长认为迂回只是一种替代策略。）

他也从侧面解释了刺猬为什么能够比狐狸获得更多赞赏。面对迂回策略，他想到的影响是：

假如我偏离了航线，迟到了两天，他们就会问："船长，这段时间你到哪儿去了？"我怎么说呢？"天气太糟糕，我绕道躲了两天。"他们会附和我说："那天气一定糟透了。"我又接着说："我哪知道，我不是躲开了。"[157]

绕道躲过风暴的船长不是英雄，勇敢穿越风暴的船长才是英雄。如果有政治家通过迂回的方式避免了马尔维纳斯群岛战争的爆发，他们的成就也许不会被看到，但是在战争爆发时直面危机的政治家会得到果敢决断的赞颂。如果有情报专家预测世贸中心将遭到恐怖袭击，他们的先知先觉不会得到夸赞；如果有风险经理人警示银行会遭遇危机，他们会被解雇。在不利的条件下赢得声誉当然很好，但是被不利条件击垮声誉来得更容易。毕竟，在不确定的环境中，改善不利条件的概率从来都不明晰，无论是事前还是事后。

麦克维尔船长虽然有狭隘之处，却非常了解这种进退两难的处境。马基雅弗利则是迂回决策者的代表，是典型的狐狸。在泰洛克还没有展开实证研究的500多年前，马基雅弗利已经知道，要做出真正有效的决策，就不要为自己的决策寻求大众的肯定。这是迂回的另一个悖论。

第16章

盲眼钟表匠：
进化比你更聪明

第二次世界大战、ICI 的发展、贝克汉姆的弧线球、博罗季诺战役，从这些案例中我们可以发现，人们总是倾向于认为结果来自精心筹措的计划，虽然这些计划其实并不存在，也不可能存在。历史上最著名的论证来自 18 世纪的神学家威廉·佩利，他认为世界的复杂性只可能来自造物者的意图。[158]

佩利在论述中以钟表做类比，假设他在荒地上走着，发现了一块手表，如此精密的仪器，一定是有意行为的结果。不到一个世纪，查尔斯·达尔文就以进化论驳斥了这个比喻。接着，理查德·道金斯[159] 又以"盲眼钟表匠"为比喻，阐述了无计划的进化可以带来极其复杂的结果，至少超出了人类的设计或理解范围。

然而，迂回的成功依然存在很多悖论。一个人计划做一件事情，相较于完全没有计划，得到的结果肯定要好些吧？在"盲眼钟表匠"这个比喻中，答案是否定的。如果环境中有诸多不确定因素，未得到完全理解，而且在不断变化，那么适应环境并随着环境而进化要比刻意设计得到的结果更好。这个道理一般情况下都行得通。

当然，世界上没有盲眼钟表匠。人们常见的错误之一就是以字面意义理解比喻，这在人们面对道金斯的另一个比喻"自私的基因"[160]时体现得更明显。比喻也好，模型也好，都是为了简要而不是完美地说明。基因当然不可能具备自私的品性，把有意识的动机赋予基因确实是荒谬的。但自私的基因这一论述是为了说明，没有计划的进化所产生的结果与完全利己的基因进化过程所产生的结果相似，且优于无法完全利己的基因进化。

在全球热带水域中，有一种清洁鱼会清除肉食性大鱼嘴里的寄生虫。大鱼会来到"清洁站"，聚集在一起的清洁鱼会游进大鱼嘴里，开始清扫。清洁鱼一边提供清理服务，一边在大鱼嘴里进食，结束之后，又毫发无损地成群结队地游出来。这个现象本身就难以想象，更不用说怎么去设计发明了，实际上这也不是发明的结果。

如果有管理咨询团队给肉食性鱼类提供建议，那么会是什么建议？经过肤浅的评估，他们提供的建议可能是把清洁鱼吃了。这个结论也许正确。但是，更成熟的顾问会思考如何定义这个问题：这种肉食性鱼类有多少？它们的目标仅仅是自己的口腔健康和营养摄入吗？这些肉食性鱼类还有更宏大的目标吗？比如自己的声誉，海洋环境？顾问需要评估肉食性鱼类以及清洁鱼的进食选择，同时还要考虑对海洋其他物种的影响，对肉食性鱼类本身福祉的影响。说到这，你脑海里应该已经开始出现PPT（演示文稿）了吧？

我也不知道答案是什么，但是我肯定能开发出对应的模型，给出迎合客户喜好的答案。也许，你也和我一样会质疑，在一个有着多重目标且目标之间存在冲突的极其复杂的生态环境中，人为干预有意义吗？确实，"如果我能够改造这一生态系统，以我目前的知识和当前的技术，改造后它会是什么样子"？系统再造不可能得到一个更好的结果。唯一的方法就是渐进式改变，看看效果如何。这就是迂回的策略。

在复杂的系统中，"盲眼钟表匠"可能比视力正常的同行更有效率。蚁群是微妙而复杂的社会经济组织，其中的复杂性已经超越了设计的范围。小孩子判断向其靠近的物体的大小和速度，其准确性是光学理论、计算机难以模仿的。如果要用一句话来解释迂回的力量，那就是："进化比你更聪明。"

进化模型表明，秩序井然的企业、运转流畅的社会和繁荣发展的经济体可以在没有全知的条件下产生，但不是说它们真的在没有全知的条件下产生。所以，无所不知或者相信自己无所不知的规划者、企业高管、政治领袖不需要迂回的力量，但我们普通人还是需要的。

在自然选择中，选择的单位是基因，修改过程是随机的，遗传的载体是独立个体，几乎不存在特定特征的群体选择或遗传。这是达尔文发现的模式，也是他的后来人所阐述的模式。

但是进化过程有许多种。它们的主要特征就是重复或复制，通过渐进调整而频繁修改，筛选能适应环境的变化。社会与经济方面的适应过程需要学习和模仿。这些适应过程通常以群体为基础——企业和行业、国家、政党、朋友圈，当然也可以通过个体展开。它们既对后天获得的特征起作用，也对遗传的特征起作用。而且，这些进化和适应机制的运行速度远远超出多代物种自然选择的结果。如果要用一句话来总结迂回悖论，那就是："适应比你更聪明。"

世界上大多数成年人无法消化乳糖，这是一种存在于新鲜牛奶中的酶，所以他们觉得鲜奶不好喝。要是你对这一点感到意外，原因在于你生活圈子里的人是有限的。欧洲西北部人口以及来自欧洲西北的移民后代恰好都乳糖耐受。欧洲西北部温和湿润的气候非常适合乳畜业的发展，这一地区的饮食，尤其是在全球享有盛名的法国北部的烹饪会大量使用乳制品。

在这一案例中，若干适应过程在发挥作用。遗传进化是一个因素——在欧洲北部，乳畜业作为高产的农业模式，让乳糖耐受人群建立了繁殖优势。技术和经济上的适应也发挥了作用。乳糖耐受人群投资乳畜业技术，采纳并推广这类技术的农民在商业上获得了成功。还有文化上的演变，喜欢乳制品的欧洲人发现很容易获得这类产品，于是就将这类产品应用到餐饮中。[161]

显然，基因组成的细微差异、适合某一地域的农业生产技术、以某种农业产品为基础的饮食文化，这些巧合都不是计划的产物。但这些因素中哪些是因，哪些是果？都是，也都不是。基因、技术、社会在共同变化。人类及其饮食、科学技术、政治和经济制度的共同演变就是经济发展的历史。

在商业、政治和个人生活中，直接解决问题并不是常态。我们面对的目标是多重的，难以量化且不一定相容，行动的结果取决于我们无法预测的自然或人类的反应。我们试图管理的系统过于复杂，难以被完全理解。关于问题本身、关于未来，人类永远不可能像自己想象中那般无所不知。

在这些情境中，令人满意的反应往往是行动的结果，而不是执行意图的结果。这些结果是在不断迭代、适应、实验与探索中以迂回的方式产生的。只有在系统出现严重障碍时，"抛弃旧系统、一切推倒重来"的系统再造才有意义。在大部分情况中，再造的最佳方式也不是"从头开始，发明一种更好的方法"，而是尝试在其他领域已经测试成功的模型。对个人生活、企业以及社会和经济结构来说都是如此。

第17章

贝克汉姆的射门：
意会胜于言传

计算机并不能像人类那样解决问题。今天的计算机能够和人类下棋，虽然规则是一样的，但实际上还存在很大差异。计算机下棋更加直接，而大师们更加迂回。所以人们往往觉得大师们的棋局更有趣。

现在没有足球计算机，足球运动员也不会像计算机那样踢球。大卫·贝克汉姆不会解微分方程，他列不出射门时的球体运动公式，甚至不知道这些公式的存在。但是，通过某些迂回的过程，贝克汉姆找到了解决方法——一个他通过直接计算无法得到的方法，毕竟这种方法牵涉深层的工程学和数学理论。卡雷博士都难以理解（我也是）。毫无疑问的一点是，贝克汉姆的球技名副其实。

人体最直接的反应之一就是手碰到热炉子会马上缩回来。这个先天与后天共同作用而来的过程其实就是迂回的。我们把手拿开并不是因为高温伤到了皮肤或骨头，而是因为疼。我们很有可能在感觉到疼痛前就缩手了，因为我们知道碰到了会疼。如果知道炉子很热，我们就不会把手放上去。

认真想一想，我们肯定知道不把手缩回来一定会被烫伤。但是我们在缩手的时候并没有这个想法，也不是因为这个想法而缩手。只是一种可能会受伤的感觉让我们把手缩回来。疼痛是一种进化而来的能力，疼痛感迫使人以及大多数物种从有危险的环境中抽身出来，从而避免或减少对身体的伤害。

疼痛反应有时候又不太合理。有时候疼痛的来源是有益的——打针、做一次挽救生命的手术、去一次健身房。我们会逐步认识到这些"反常现象"，然后制定出相应的处理规则："接受一位可信赖的医生带来的疼痛。"相信"一分耕耘，一分收获"，于是坚持去健身房锻炼。但是有时候我们需要帮助。只有用麻醉药物阻断某些神经反应，大手术才有可能进行。这些药物能够弱化人的反应能力，因而具有危险性，在做重要决定的时候我们要避免此类药物的影响。

我们能够掌控疼痛反射，因此能决定碰到热炉子的时候要缩手，我们知道治病的时候要接受手术。而且，在审慎分析和掌握证据之后，我们可以决定在什么情形下冒受伤的风险。但是，有些人在这方面承担了过高的风险。比如，运动员和士兵会经受忽视疼痛的训练，他们也会因此让自己受伤。有的人因为基因异常，无法感受疼痛，他们通常会因组织反复受损而早逝。麻风病会破坏传递痛感的神经，导致畸形，是一种最可怕的非致命性疾病。

科学家已经为没有痛感的人建造了模拟疼痛体验的机器。但机器的疼痛敏感性肯定没有真实的疼痛反应那么自然。[162] 不过，这可不是疼痛机器不能很好工作的关键问题所在。疼痛机器效果不好是因为患者可以关闭机器。如果自己能减轻疼痛，那么还等什么？减轻疼痛带来的伤害就是无法体验疼痛的后果。尽管世界上有很多无意义的疼痛，但是整体而言，有痛感比没有痛感对人类更有益。

疼痛是不经思考所产生的反应，却比很多经过仔细思考做出的反应更高效。类似的例子还有很多。多年来，心理学家加里·克莱因一直在研究具有特殊实践技能的人群，比如救护人员、消防员。正如卡斯帕罗夫在国际象棋对决中屡屡得胜、贝克汉姆射门成功一样，这些职业人员的专门技能体现在其高效的行动和同行的尊重上。

在一项实验中，克莱因准备了不同救护人员的施救录像——部分救护人员刚入行，部分经验丰富，观看影片的受试者包括经验丰富的救护人员、普通人以及救护技能培训教师。实验发现，无论是经验丰富的救护人员还是非专业人士，在区分新手与老手的准确率上，都比从教人员要高。[163] 从教人员会观察所教授的规则有没有得到落实，其实这在新手救护员身上体现得更明显。这些教员会从知识层面寻求直接对应，因此无法发现录像中迂回力量的成功之处。这不是批评教员教学水平低，也不是说新手救护员不应该谨记教员传授的规则。关键在于，一个人一旦对规则了然于心，规则的实施就会变成第二天性。直接方案学会了之后，人们就会开始学习更多的迂回方案。

相比之下，普通人其实无法发现或者也并不在意救护人员是否严格遵守规则，他们判断的依据主要是救护人员展现的自信、果断，以及最重要的一点——救护结果，而表现出色的救护队伍普遍都会展现出这些特质。克莱因也采访了救护人员，经过总结发现，救护结果的关键因素是模式识别而不是方案制定。救护人员会连续使用有限比较，获得评估结果，如果实际证据与评估结果不一致，他们就会换一个方法。

国际象棋的新手和大师之间也有类似的区别。新手会严格遵守老师传授的规则，比如什么情况下兑子可接受，什么时候不行。新手经常输是因为经常犯错，忘记这些基本规则。但是严格遵守规则的新手也经常输，为什么？更成熟的棋手会遵循规则，但是偶尔也会打破规则。入门级的国际象棋计算机在应用规则时从不犯错，但就像新手棋手一样，很容易被打败。老练的迂回通常会胜过刻板的直接。对卡斯帕罗夫而言正是如此，他不仅善于应用规则，很少犯错，也能够清醒地认识到在什么时候应该打破规则。

如果理性就是遵循富兰克林决策规则，那么贝克汉姆、卡斯帕罗夫还有救护人员是不是应用了什么更高级的规则，只是我们不知道？人们花了大量时间询问成功人士，成功的秘诀是什么。但他们并没有因此增长智慧。有什么规则能够让数百万热爱踢球的年轻人踢出贝克汉姆的制胜一球呢？这个问题并不存在答案。

同理，当你阅读成功商人的传记或自传时，你会发现作者（或者至少是他们的代笔人）比贝克汉姆更善于表达，但是和贝克汉姆一样，他们只是在描述成就而不是诠释成就。如果再啰唆一点儿，他们无非重复了保罗·盖蒂对自己商业成功的解释："挖到石油了。"他们并没有说出成功的秘密，因为就连他们自己也不知道。

我们无法完全理解为什么有的人会比计算机更擅长解决实际问题，也无法完全理解为什么迂回策略比直接策略更成功，但是这并不意味着我们一无所知。卡斯帕罗夫、贝克汉姆和救护人员在各自的领域表现都很突出，不仅因为他们拥有非凡的天赋，还因为他们接受了训练，并且在训练中不断得到提升。

疼痛反应、贝克汉姆的射门时常被我们称为直觉或本能。卡斯帕罗夫的特长在脑力层面而不是身体层面，所以他下棋不太容易被定义为"直觉"或"本能"。但是这些描述都没能增加我们的知识，也没有指出为什么贝克汉姆解不出微分方程，但确实是好球员，而卡雷博士刚好相反。关于盖蒂青年雕像——一尊极为昂贵的古希腊雕像——是否为赝品的争论持续了很多年，马尔科姆·格拉德威尔在《眨眼之间》一书中指出，有艺术品鉴定专家一眼就能判断它是赝品——就是一刹那的决断。[164]

不过，专家判断的速度并不是关键。关键是有一种东西叫专家判断。如果张三李四说雕像是假的，没有人会在意。但是，质疑的人是业界权威，他们的鉴定技能和知识已经累积多年，已经通过对其他作品的评判赢得了尊重。

这些权威人士对雕像不对劲的地方给出了解释：和卡斯帕罗夫一样，他们善于表达，能够为自己的判断提供解释。他们同样熟悉富兰克林开局法，也就是说，他们只是在为自己的判断提供合理化说法，并不是陈述自己得出结论的过程。博学的迈克尔·波兰尼说过："我们的所知超出了我们的所言。"在某种意义上，我们比贝克汉姆擅长表达，甚至比睿智的卡斯帕罗夫更擅长。即使我们像贝克汉姆一样无法解出运动微分方程，我们也能成功驾驶汽车。[165]

贝克汉姆、卡斯帕罗夫以及鉴定专家的能力真实且经过检验（卡雷博士的专业知识也是如此）。如果"本能"让贝克汉姆踢入了制胜球，如果"直觉"让卡斯帕罗找到了最佳走法，或者让鉴定专家判断出艺术品的真伪，那么本能与直觉就不是一种说辞，而是经过锤炼的技能。

进化赋予人类疼痛反应，因为进化过程得出了比理性思考更有益的判断。这个过程太复杂了，人类无法完全知道身体到底是如何运作的，因此也就缺乏做出精准判断的信息。

有一则笑话说，在野外，经济学家看到一头熊正在走近，于是他掏出计算机开始计算最佳策略。他的同事在错愕中大叫："来不及啦！"经济学家淡定地说："别急，熊得出最佳策略也需要时间。"这个笑话的背后存在一个非常严肃的问题：熊已经拥有了决定性的优势，因为它不会产生错觉，认为最佳策略可以被计算出来。这就是迂回的力量。

第18章

无法设计的制度：
为什么无法达到全知却可以实现复杂的成果？

经济学家肯·阿罗和弗兰克·哈恩说过："'如果经济发展以人的贪念为动力，由不计其数的代理机构来控制，结果会如何？'基于'常识'给出的答案就是'一团糟'。"[166] 去中心化、去组织化的市场体系超越高度集中的经济体系，这可能是迂回力量最大的胜利。

据传，苏联解体后，俄罗斯的城市规划人员到美国参观访问。到了纽约后，他问当地负责接待的人员："谁负责向纽约供应面包？"纽约的面包供应并不存在一个独立的组织或个人，然而它比计划经济模式下的供应更有效。盲眼钟表匠比视力正常的钟表匠更出色。如果不是我们的日常经历，这样的结果很难让人相信。

即便是在当时的美国，也有人担心计划经济真的比本国经济模式更高效。毕竟，事事有人掌管，难道不应该带来更好的结果吗？20世纪60年代"神童"在商界、政界崛起，以此规律来看，确实有不少美国人担心苏联的技术优势完全有可能超越西方。[167]直到20世纪80年代，人们才意识到这些担心有些多余，柏林墙倒塌后，计划经济的实际情况才得以清晰呈现。许多仍旧希望建立中心化的商业组织或中心化的全球金融架构的人，仍然没有正视这些证据的意义。

英国经济学家弗里德里希·冯·哈耶克对计划经济的弊端做出了极富预见性的阐释。达尔文在自然界中发现的复杂进化过程在经济和社会系统中同样适用。哈耶克说过：

迄今为止，还没有人能在错综复杂的社会中安排好所有的活动。如果有人能成功做到，这个社会就不需要汇集众多的智慧头脑，而是完全依赖于一个人的头脑；这个社会肯定不会特别复杂，反倒极其原始，那个以个人见识和意志决定一切的头脑也会回到原始状态。[168]

就像在拿破仑的宫殿、勒·柯布西耶的设计室或桑迪·威尔的办公室一样，"那里再没有让个人继续成长的思想碰撞"。[169]这时，个人思维所带来的成就只局限于一颗大脑所能吸收的知识和所能做出的分析。

钟表匠的作品受限于其个人的技能。佩利认为，钟表只能通过有意识的设计来完成，这个论点本身就有逻辑问题。他所看到的钟表已经是多个世纪制表工艺传承的结果，最原始的模型在不断调整变化，有益的改进会被保留，然后延续到之后的制作工艺中。今天我们戴的手表无法由一个钟表匠制作完成，也不存在这种可能。

21 世纪最复杂的机械设备，比如民用飞机，不仅是几十年航天技术发展的结晶，也超出了任何一个人的构思能力，多个设计团队和制造团队的共同努力才得到最后的成果。

理论上说，波音 747 如何运作肯定有一个计划。但是，工程师不会拿着一张图就开始建造一架 747。这张图对驾驶一架 747 或者维修一架出了故障的 747 也没有太大帮助。驾驶员或维修人员有相应的册子，就像前文讲的"比喻"或"模型"，册子提供了简化的阐释，提供了驾驶员或维修人员可能会咨询的问题。就像伦敦地铁路线图的案例一样，简化结果提供的答案未必是有用的。飞行员的需求和维修人员的需求是不一样的，所以他们有不同的册子。但是对于一些非常规的问题，就有赖于个人的判断了。

同理，现代社会组织也不是一个完整概念的产物。亚当·斯密的同事亚当·弗格森对此有清晰的阐述："国家偶然创造了机构，这些当然是人类行为的产物，但并不是人类规划的结果。"[170]

早在达尔文之前，苏格兰启蒙运动学者和埃德蒙·柏克等保守主义奠基人就已经意识到，社会组织是通过迭代和适应而产生的，不是任何理智和清醒的头脑的产物。

弗格森就反对霍布斯和卢梭的观点，他们认为政治组织是一种想象的原始社会契约的产物，自由人在理性的情况下能达成共识。苏格兰启蒙运动中最伟大的哲学家大卫·休谟很快就发现，霍布斯和卢梭的论述就像约翰·罗尔斯等当代社会契约论者一样，其实就是富兰克林开局法："这个国家所分裂的每个派系都以某一个（哲学或思辨原则体系）为基础，以保护或掩盖其追求的行动计划。"[171]

休谟明白，社会契约是一个隐喻，不是对政府如何产生的历史描述。好的隐喻和模型具有启发性，但不是事实。根本不存在社会契约，但社会契约的概念是一种手段，强调合法的现代政府建立在被统治者广泛支持的基础上。

同理，现代公司是股东和管理者之间的契约，这个模式是一种隐喻，而不是公司如何形成的历史描述。与社会契约的隐喻一样，公司在其股东之间创建契约，这就意味着公司的成功取决于股东的支持。但是，如果未能认识到这是对公司性质的片面和不完整的描述，那就会对现实的商业世界知之甚少。

在当今世界，无论是否赞颂企业行为，人们都已经对企业区别于其他组织的特点达成共识，即企业以盈利为根本目的。但是，这个共识掩盖了一种荒谬的逻辑。如果企业只想着盈利，谁会愿意为其工作？社会为什么会允许这类组织存在？人们进入企业工作，社会允许企业运转，前提是企业满足各方的需求——员工需要得到有回报的工作，社会需要提供人们想要购买的产品或服务。需求会随着时间的推移而改变，企业需要不断调整来满足需求。企业的存在是为了满足社会的需求，只有在满足社会需求的情况下，企业才能在短期内获得存在的合法性，在长期内维系生存。因此，盈利不可能是企业的"根本目的"。

多年来，我一直纠结于这样一个想法：如果盈利不是企业的根本目的，那么一定有其他东西是其根本目的。如果企业不追求利润最大化，它追求的是什么？其实我陷入了目的论谬误。陷入目的论谬误的人一直在问："老虎是为了什么存在？"我们现在很清楚，老虎不是为任何目的而设计的产物。如果你能设计出老虎这种生物，那就说明你的技能与知识可以实现老虎的功能，但实际上这是不可能的。而且，老虎也不是因有意识的设计而来到世界上的。老虎之所以成为老虎，是因为老虎在进化过程中通过适应环境逐步具备了现在的特征，仅此而已。

无论是一家成功的石油企业还是一所成功的大学，无论是一位优秀的竖琴演奏家还是一位优秀的牙科医生，都是在各自的领域把事情做好。这些活动与活动本身并不存在根本目的。管理企业的人必须在多个目标之间进行平衡，满足不同个体或其他组织向其提出的多种需求，甚至是难以兼容的需求。这就是企业高管的日常工作。

那个困扰我的问题并没有答案，这并不奇怪。如果一个人试图从企业日复一日的繁杂决策中推断出总体设计，那就是将秩序强加于混沌之上，将直接强加于迂回之上，就像某些史学家非要说博罗季诺战役是拿破仑意志的体现一样。

企业并没有将任何事情最大化。成功的商业领袖西蒙·马克斯、山姆·沃尔顿、比尔·盖茨追求的是无法量化但对成功企业来说极有意义的目标：打造一家卓越的企业。在人们认为企业应该做的事情上，成功企业都做得很好——回报投资者，创造良好的就业机会，提供优质且价格合理的产品与服务，回馈社会，等等。在任何方面做得不好，从长远来看在所有方面都会失败。

如果有人认为，做这些事情就是在将利润最大化，那么无异于认为贝克汉姆射门的时候真的在解微分方程。事实上，认为成功的商业人士就是在将利润最大化，那更是错上加错。我并不知道西蒙·马克斯是否做到了利润最大化，他本人也不知道。

但我知道他打造了一家卓越的企业，他无意中发现了迂回的力量，而我在思考他的成就时也发现了迂回的力量。

第19章

"那好，我就自相矛盾吧"：
为什么因时制宜比前后一致更重要？

即便最不擅长社交的经济学家也已经发现，愤怒、喜爱等情绪在诠释人类行为方面的作用不可忽视。部分经济学家也认识到，最幸福的人不一定是正在追求幸福的人，最富裕的人不一定是最崇尚物质主义的人，那些经常将利润挂在嘴边的商人最终创造的利润也有限，比不上那些真心热爱自己所在行业的商人。

当幸福的人谈论自己的生活，富裕的人谈论自己的事业，成功的商业领袖谈论自己的公司时，除了幸福、财富或利润，他们还会谈论很多别的事情。他们对自己成就的阐释是迂回的，而不是直接的。但很多经济学家认为，迂回仅仅是叙述特点，并不是事情的本质。在他们看来，即使我们的方法是迂回的，但潜在的现实是直接的。在他们眼中，伟大的小说家用情感的碰撞与冲突来诠释人类行为是错误的，人们在诠释个人幸福、成功、财富的时候也是虚伪的，至少与根本的现实不符。

当然，我们不能仅仅根据个人的陈述来判断事实，上述经济学家的观点虽然不够可靠，但是也有合理之处。他们的论点基础就是决策，特别是经济决策，这必然牵涉选择。即使个人有多重目标，即使目标难以量化，即使目标定义有问题或者存在冲突，人们也要做出具体的选择。海伦·加德纳需要选择特定数目的诗歌收入诗歌选集，这也意味着很多诗歌被排除在外。会计师也需要就某一个测量标准是否合理做出判断。

如果在选择上保持一致性，我们就相当于将效用最大化，或者至少最大化了某些东西。保罗·萨缪尔森在1947年出版的著作《经济分析基础》[172]中首次提出"最大化问题"，将经济学从19世纪功利主义的混沌中解救出来，使经济学成为"社会科学的女王"。关于理性选择的理论依旧是经济学思想的主流，其影响也延伸至政治学、心理学和社会学领域。如果反对"最大化原则"，那就是反对理性选择。因此，迂回的力量其实违背了社会科学领域四十多年来最具影响力的理论。

萨缪尔森认为，一致性是理性的核心，在数学意义上，最大化与选择一致性是一回事。如果我们对各国人类发展水平进行一致的排名，那么不同人类发展特征的主次轻重即使没有得到明确阐述，也能在这个排名上体现出来。如果海伦·加德纳在选择诗歌的时候保持一致性，那么她的选择中一定存在类似于普里查德博士的诗歌评价公式。

理性被定义为一致性，一致性在形式上又被等同于最大化。因此理性的个人必然在进行着某种形式的最大化。如果这个论点有问题，那就是将理性与一致性画上等号。一致性其实和日常意义中的理性并不是一回事。行为可能是一致的，但在任何一般意义上都不是理性的。每天晚上都和花园里的精灵对话，这件事存在一致性，但显然缺乏理性。如果一致性可以在非理性的情况下存在，那么理性能不能在非一致性的情况下存在呢？

我也不确定。如果让你对近 200 个国家的人类发展水平进行排名，或者让你挑选 500 首最伟大的英语诗歌，一个月之后再让你完成同一个任务，我怀疑你不会给出相同的答案。这个时候你会觉得自己是不理性的吗？如果我再追问，哪一次排名、哪一次选择是正确的？你大概会觉得我有点儿无理取闹。因为你可能就是在不同的情境下，以不同的方式在不同特征之间进行了平衡。这又有什么不好呢？

有时候我们就是喜欢不兼容的东西。我们想吃奶油蛋糕，又想保持苗条和健康。我们想戒烟，又迷恋香烟的味道。我们想在退休的时候高枕无忧，又不想在年轻的时候多存点儿钱。我们对个人喜好的表达经常是矛盾的。

也许大众认可的事情是我们真实的偏好——身材苗条，放弃吸烟，储蓄丰厚。也许在吃奶油蛋糕、吸烟、趁年轻爱买什么就买什么的时候，我们都不是在做自己真正想做的事情。也有可能我们的行为已经反映出了自己真实的偏好。比如，吸烟的人已经仔细计算过了，吞云吐雾带来的快感确实超过了对自身健康的长期损害，因此决定继续吸烟。

但是这些关于个人想法和行动的观点其实很荒谬。很多人对苗条身材和奶油蛋糕有着同样的渴望，很多人放不下手里的烟但又真的很想戒烟。想要拥有不兼容的东西其实并不是不理性。谁不想手里有钱又不用上班？谁不想享受大都市的繁荣与便利，同时又不用忍受大都市的人满为患？认为人们不能拥有这样的想法倒是很不理性的。

在不同的时间以不同的方式解决不兼容的需求，这都不能算是非理性的。假设你去国外旅游，有人推荐你去当地一家餐馆，你到那里后觉得环境不错，点了鱼，真的很好吃。第二天你又去了，这时候你点了羊肉。为什么？也许是从前一晚到现在，你获得了更多新信息。也有可能你今天的胃口跟昨天不一样了。这些理由好像都无法完全解释清楚。但总之，你昨天点了鱼，今天点了羊肉，你就是想点自己想吃的东西而已。

坚持理性选择理论的人会说，你一定是昨天更喜欢鱼肉，今天更喜欢羊肉，否则为什么你在不同的时间做了不同的选择呢？

再不然你就是喜欢尝试不同的菜肴。总而言之，这里没有什么迂回可言，一个人想要的东西就必然是其当前直接追求的目标。

但是这些对人类行为一致性的"解释"非常没有必要。萨缪尔森也不太认可一些追随者对其理念的极端应用，他非常明确地指出："当照看婴儿的保姆不顾自身安危冲入起火的大楼里，甚至不知道是否有机会救出孩子时，诡辩论者可能会说，'她这么做只是为了感动自己，否则她不可能这么做'。这样的观点已经不能用正误来评判了。"[173]

在现实生活中，我们很少能够遇到同样的选择清单。但是在餐馆中，这种"选择清单"确实存在。问题就是，前一晚与后一晚的情境是相同还是不同呢？对旁观者来说，情境是相同的。但是对点餐的主体来说，情境可能确实不一样。怎么解决这个争议呢？在充满复杂性与不确定性的世界中，没有客观的依据来决定改变的是选项还是选择，是影响决策的因素还是决策本身。

在法律程序中，一致性极为重要。我们希望法官的判决应该长期保持一致性，这甚至比一个好的判决更重要。但是在法律体系之外，以先例为基础的决策仅仅出现在政府部门以及学术圈。弗朗西斯·康福德在描述一个世纪前的剑桥大学时就对此进行了犀利的讽刺：

"危险的先例"就是你担心自己或后来人因为没有勇气做某

件正确的事而在当下没有做一件正确的事，但实际上未来的事情哪怕在表面上与当前的事情十分相似，也必然不再相同。每一个不符合传统的公共行为要么是错误的，要么是正确的，都是一个危险的先例。原因在于，任何事情都不应该是第一次做。[174]

先例原则为富兰克林开局法提供了充足的理由，即为基于其他理由做出的决定寻找合理性。

以一致性为特征的理性观也许存在于确定的世界，但我们大家所生活的世界是不确定的。也许在某种深层意义上，事实永远不会变化，但人们对事实的理解在改变，或者人们对事实所达成的共识在改变。决策就是根据这些变化的看法做出的，没有任何稳固的标准让我们能够判断两种情形是否相同或不同。我眼中坚定不移的信念你可能觉得是教条主义。有人强调理论，有人强调实践；有人倾向于保持一致，有人喜欢变化。

在一个不确定的环境中，一致性是主观的，一致性有可能太多，也可能太少。一致性太多就是将完全不同的情况视为相似度极高的情况，比如纳粹德国的绥靖政策并不能为后来的苏伊士运河事件或伊拉克战争提供一致性依据。一致性太少就是缺乏原则和纪律的实用主义，认为世界如此复杂，如此多变，一致性几乎不可能出现，甚至无法准确定义。

《死亡诗社》中最受欢迎的诗人沃尔特·惠特曼很欣赏这种

困境："我自相矛盾吗？那好，我就自相矛盾吧。我辽阔广大，我包罗万象。"[175] 著名作家弗朗西斯·菲茨杰拉德也表达过相似的想法："头脑中有两种不同的想法在拉锯，却还能照常履行职责，这是对顶尖智力的考验。"[176] 迂回的狐狸型决策者不会在一致性的问题上钻牛角尖，他们总是持有矛盾的想法。

第20章

墙头草式的决策依据：
虚假的理性带来理性的缺失

有人认为，如果人们在玩最后通牒游戏时违背了博弈论理论家的预测，出于愤怒拒绝了提议，或者出于正义感做出提议，那就是非理性的。这个非理性到底是什么意思？如果没有非理性反应，人们是否会变得更好？神经科学家安东尼奥·达马西奥在其著名的病例研究中发现，患者在脑部受损后依然保留了自己的认知能力，但是情绪反应水平大幅降低。然而，他没有在决策能力上变得更优秀，他几乎不可能做出任何决定。

非理性的概念并不是说实验对象解决问题的方式很糟糕，只不过他们没有以实验者预期的"正确方式"解决问题。但是我们会因为进化的原因而感到愤怒，并拒绝自认为不公平的结果。很多作者都认为，疼痛是一种恩赐，这确实没错。而且，爱、嫉妒、欢笑、公平和正义、饥饿、信任、喜欢和厌恶等都是如此，它们都是迂回决策的一部分。

如果我们能控制自己的愤怒、疼痛、正义感，我们的生活会变得更好吗？当然。动不动就暴跳如雷的人很难找到合作伙伴，但完全不会表达愤怒的人很容易成为任人欺负的软柿子。完全无法控制对疼痛的反应是有害的，但过分控制也是有害的。相较于进化而来的反应，人类精心计算出的结果充其量是不完美的替代品。不能控制愤怒的人往往具有反社会人格，不能接受生活总有不公之处的人很少会幸福。但是，如果能完全消除自己的愤怒或不公平感，我们就能过得更好吗？未必如此。

大多数情况下，我们没有时间或能力去计算结果。如果同事认为我们是以计算的方式做决定的，他们就会改变对我们的行为。这不一定对我们有利，但这也会被我们纳入计算。在做决定的时候，我们确实会考虑别人的行为，他们的反应。但是，如果这种考虑成了一种纯粹的算计，我们就不仅仅是令人讨厌的人，还是糟糕的决策者。想想前文那位遇到熊的经济学家吧。

对个人行为的控制当然很重要。在过去，人类往往需要通过震慑其他群体来维系自身的安全，因此愤怒在过去的作用比今天更重要。

人们的行为不仅取决于他人的行为，还取决于我们对他人行为的理解，以及对更广泛的社会背景的熟悉程度。理由非常充分。因此，最后通牒游戏中的"非理性"行为并非真的毫无理性可言。一旦预期他人的行为是公平的，我们自己的行为就会如此——不是因为我们计算出了结果。即使知道应该怎么计算结果，我们也没有时间做这个计算；如果能够在短时间内做出这种计算，那么这个人必定不是一般人，其他人的反应也会不同。

过上幸福的生活需要与他人建立良好的人际关系，但如果将个人幸福作为首要目标来发展人际关系，往往事与愿违。因此，在与他人相处的过程中，迂回非常关键。他人的回应不仅取决于我们自身的行为，也取决于对我们行为动机的理解，以及对我们为人处世的认识。

人们虽然时常不能成功地应用"道德代数"，但"道德代数"是做决策的正确方式，这种思维在我们的大脑中已经根深蒂固。因此，即使人们在迂回地做决策，也坚定地认为自己在应用"道德代数"——又是富兰克林开局法。这也许是当今决策行为中最常见的错误，尤其是在公共决策领域。表面上，人们在描述目标，评估方案，核查证据，其实都是做做样子。目标是由结论决定的，展示不同的方案只是为了让中意的选项更具吸引力，数据则是经过筛选来印证需要呈现的结果。真正的替代方案并没有得到审慎的评估：基于政策的证据替代了基于证据的政策。

富兰克林开局法仅仅是表面上遵循了以理性为基调的富兰克

林决策规则，正因如此，才会出现不可靠的档案和伪造的报告。也正因如此，所谓的"影响评估"是在早已得到青睐的政策被选择之后才准备的，而不是提前评估再做出选择。正因富兰克林开局法的存在，人们使用的模型中有很多数据是捏造的，可以被反复调试，最终产生期望的结果。虽然我们花了几个小时进行员工评估、质量评估和风险评估，但是这些时间并没有真正用于评估本身，而是用来填表格。我们的判断、评估和风险管理都是基于其他标准进行的。

强调迂回的必要性以及抽象和计算的有限作用，太容易被误认为是对理性的攻击，这种情况非常常见。面对所谓的过程"理性"，说一句"这对我来说没有意义"真的没有错。对一位经验丰富的问题解决者来说，这句话的意思就是"对问题的（必然是简化的）描述得到了一个在我看来不太恰当的结果"。如果问题的模型本身不合适，那么模型中存在的错误也不容易暴露出来。

当你迟迟没有等到公交车，但有人认为自己的模型能够以极高的概率预测公交车即将到来时，你的正常反应就是："这对我来说没有意义。"你已经不再相信那个模型能够描述眼前的世界。但是你的大脑中也没有一个高水平的模型来准确预测应该重新选择什么交通工具，你只有一些在类似情境中得到的零碎经验。在我去参加晚宴的案例中，伦敦地铁路线图这个模型并不适用于从帕丁顿车站到海德公园的路线。如果我问一句："那我什么时候需要使用伦敦地铁路线图？"最理智的回答应该是："等对伦敦有了足够的了解，你就会知道答案。"经验与判断会让我们知道应该如何在不同的情况下选择不同的模型。

迂回不同于虚假的理性概念，但是也不仅仅是凭着对情境的感受、对机会的捕捉、对问题的敏锐来做决策，不仅仅是凭着内心的声音来做判断。即使迂回未体现在有意识的认知层面上，也绝对与大脑中的信号有着密切联系。

乔治·索罗斯说过：

我儿子关于背痛那番话是对的。（据报道，索罗斯的儿子曾说父亲总能为投资决断提供合理的解释，其实这些判断是依据他的背痛做出的。）我曾经将其作为投资组合出问题的警示信号，而且总是在我没有意识到出问题的时候我的背就开始痛，甚至常常在基金开始下跌之前就出现了。因此这个信号是有价值的……当我最终发现问题所在时，背痛就消失了。[177]

索罗斯注意到自己的背痛是很明智的，但是依赖背痛信号就属于愚蠢了，显然索罗斯没有这么做。他的决策依据是各种信息、分析以及往年的经验，而不是人们通常所说的"直觉"。这种直觉非常危险。希特勒就是凭着脱离理性、分析或特定知识的直觉，认定"犹太－布尔什维克阴谋"会危及世界。他认为自己是正确

161

的，但实际上没有犹太－布尔什维克阴谋。通过类似的直觉，人们认为高压电缆会诱发癌症。高压电缆也许会导致癌症，但声称高压电缆导致癌症的人对这个话题的认识少之又少。

许多知识要通过迂回的方式获得，而且专业人员的专业知识中也有迂回性。不过，基于此类知识的断言或主张与其他科学知识一样，也要接受同样的有效性检验。贝克汉姆的球技、卡斯帕罗夫的棋艺在比赛结果中得到验证，消防员的技能在救火现场得到验证，鉴宝专家凭借经过多年训练所获得的精准的鉴别能力受到尊重。

疼痛反应是对可识别的身体状况的反应，具有明显的功利目的和生理原因，也是数百万年进化的结果。认为高压电缆导致癌症的直觉没有意义，因为根本无从解释，甚至无从推测给出这种论断的人的知识从何而来。如果有人在医学技术领域已经给出很多准确的判断，这类人"高压电缆导致癌症"的直觉可能会有不同的价值。

以本能和直觉为名头将一大堆东西捆绑在一起，将其放到理性的对立面，拒绝承认隐性知识在日常活动中的重要作用，我们就无法认识到如何做出正确的判断和良好的决策，而且也为许多背离科学的谬论敞开了大门。这种情况确实在发生。如果我们坚持让贝克汉姆在做出射门动作之前进行阐释，大家很快就会对他失去信心。幸好没有这个时间！但是，在商业、政治、金融的重大决策中，大家却对阐释如此执着。驾轻就熟的玩家充分理解企业游戏的规则，如果在找到正确答案这条路上没有方法，他们就可以用富兰克林开局法来应对。为了追求错误的理性概念而轻视真正的实践知识和技能，人们通常只能得到更缺乏理性的结果和许多糟糕的决定。

结论

第21章

间接思考的
艺术

先讲一个故事，真实性有待考究。某知名商学院决策科学系教授受到另一所著名机构的盛情邀请，他赶紧向朋友寻求意见。朋友说："你显然是最具决策资质的人啊！"教授说："别开玩笑，我这是正事。"我猜，富兰克林告诉好朋友普里斯特利"道德代数"多么有用的时候他应该是在开玩笑。他和达尔文可能是地球上最聪明的人，他们必然知道自己不是通过"道德代数"来做决策的。

但有可能他们认为自己应该这么做。物理科学领域的成功让人们坚信，决策领域也一定存在科学。在商业、金融、政治乃至个人生活领域，所有问题一定能够以完全客观的方式得到处理。

这样一个科学的过程如果能够得到审慎的落实，每个勤恳认真的人就能得到同样的答案。因此，所有政治分歧、个人纠纷都可以通过搜集证据、理性谈话来解决。是否能成为伟大的商业领袖、卓越的金融人才，完全取决于以更快的速度、更稳定的水平给出那个正确答案。

无论是现在还是将来，都不会有这样的科学。目标通常是不精确的，必然包含多个方面，在实现过程中会发生变化，也应当如此。我们的决定取决于他人做出的反应以及我们对反应的预期。世界是复杂的，永远有未知的部分，人们的认识也总是不完整的，这是永恒不变的事实，无论人类对世界的了解与分析增加了多少，都不会改变。

我们不按照"决策科学"的理念来解决问题，因为这本身就无法实现。伟大的政治家不是因凭借最快的速度做出最佳决策而取得成就的，而是在多种观点与价值观之间进行斡旋。成功的商业领袖不是通过精准预见未来而取得成就的，而是随着市场环境的变化不断调整公司的业务。卓越的金融人才——正如巴菲特和索罗斯所言——要在扑朔迷离的不确定性中前行，找到成功的方向。

在大多数情况下，我们实际上是在迂回地解决问题。我们需要反复不断地调试方法，我们要从有限的选项中做出抉择，我们掌握的相关信息以及对信息相关性的认知都是不完善的。在同样的情境下，不同的人会有不同的判断，这不仅是因为个人目标不同，还因为每个人看到了不同的选项，选择了不同的信息，并以不同的方式评估这些信息：即使从事后反思的角度看，也未必能断定谁对谁错。在一个必然充满不确定性的世界中，好的决定不一定会带来好的结果，好的结果不一定来自好的决定或好的决策者。"最佳方案"的概念本身就是一种误解。

解决问题的技能往往取决于对高层目标的解读与再解读。二战中，日军从内陆攻击新加坡的策略兼具迂回与直接，一旦用超越寻常的视角来看待那次攻击，你就能看到其中显而易见的直接。伯鲁涅列斯基让鸡蛋立起来，建造圣母百花圣殿的穹顶，也是同样的道理。很多伟大的成就都是如此。亚历山大·格拉汉姆·贝尔发明了电话，盛田昭夫发明了索尼随身听，史蒂夫·乔布斯发明了 iPod（苹果多媒体播放器，是对索尼随身听的再解读），他们提出的方案解决了人们还未意识到的问题。

在过去的一段时间里，有些人自认为对世界的了解超越了实际，最终造成了严重的危害。某些高管和金融家在一意孤行追求股东价值时摧毁了伟大的企业。某些建筑师和规划者认为建筑可以直接从第一性原理出发进行设计，充满活力的城市必然可以通过规划而建成，高速公路就应该穿越社区的中心。某些政治家认为，只要多落实几个目标就能改善公共服务。如果能够认识到自己所负责的系统的复杂性，认识到需求的多重性，上述错误本来可以避免。

同理，过去十几年公共领域最糟糕的决策，如伊拉克战争以及 2003—2007 年的信贷扩张，本来也可以避免。两个事件的发展都是因为决策者自以为对世界有充分的了解，但实际上却相反。麦克纳马拉晚年反思美国决策者没有充分认识到美军在越南所面临的挑战，那番话同样适用于伊拉克战争。而在金融领域，银行高管认为自己的风险控制系统能够监管那些被认为利润丰厚的交易，然而他们大多既不了解风险控制系统，也不了解交易本身。

乔治·布什及其同僚显然是刺猬，他们对一件大事有很多认知。这种高于一切的世界观决定了他们的行动，以及对行动的诠释。银行家则被贪婪蒙蔽了双眼，又陷入他人欲望的陷阱，于公于私都在为其金融活动的盈利能力和效用找一些肤浅的诠释。对自己不想听到答案的问题，他们根本不屑去问。

无论是布什政府，还是大银行里的高管，都认为自己对世界有超出实际的了解，而且他们自认为对所处环境的影响也超出了实际。前者认为可以在美国轻监管资本主义和自由民主模式的基础上重建中东；后者认为自己掌控了大型金融机构，殊不知手下的利己主义者早已下定决心要摆脱一切对他们行动的操控。

具备迂回思维的政治家或银行家会怎么做呢？充分理解迂回性需要认识到，问题的答案不是提出一个替代的解决方案，而是提出一种思维方式。重建巴黎不是在勒·柯布西耶疯狂的设计之外再给出一个伟大的设计，而是认识到巴黎在不断发展，正如过去数个世纪以来一样，一直在变化、适应。大多数建筑最多能存活几代人的时间，但是巴黎圣母院经过两个世纪的建设，历经七百年风雨，依然宏伟壮观。埃菲尔铁塔原本只是为了临时展示而建，一个多世纪以来却一直是这座城市最突出的地标。奥赛火车站弃用后被改造成了奥赛博物馆，重新获得了生机。巴黎在渐进调试的过程中成为今日的巴黎，巴西利亚在大胆的城市规划下成为巴西利亚。前者是伟大的城市，后者却不是。

以直接方式解决问题需要我们在开始前就知道解题的方法。即使这一点可以实现，通常也是低效的，就像计算机解数独问题，非常费时。迭代和经验让我们获得最佳的分析原则。在迂回思维中，我们一边解题一边了解问题的结构。前文心理学家加里·克莱因的调查证明，救护人员和消防员通过学习规则获得能力，通过实践变得优秀。

当你面对一个令人望而生畏的任务或者感到棘手的项目时，你一定要先动手做点儿什么，选择一个和任务相关的要素。虽然在开始前就计划好一切似乎是没有意义的，但在大多数情况下你很难做到。目标总是无法被足够清晰地定义，问题的性质会不断变化，而且极其复杂，你也难以获得充分的信息。直接策略难以实现。每位作家都曾面对空白的页面等待灵感。等待通常很漫长。然而，沉下心来，先写一点儿是一点儿，一本书一般就这样完成了。使用迂回的方法才能成功。

美国国家公园管理局的林务人员在试错的过程中学会了管理森林。但是试错不一定是一个随机的过程，也不是对事件的直接反应。林务人员在计算机建模的辅助下，不断调整适应。他们利用这些模型，但不是去做决策或者预测未来，而是更好地理解自己管理的复杂森林系统。模型帮助林务人员在实践中进行判断，但没有取代人的判断。

好的决策需要脚踏实地，兼容并蓄。迂回的方法有赖于利用多种模型和多种思路，而不是任何简单或单一的模型。如果试图用单一的模型解释现实世界，那就无法认识到现实中的不确定性和复杂性是普遍存在的。

自美国长期资本管理公司破产之后，金融经济学声誉扫地，至今未能再见起色。该公司十分擅长应用第 12 章列举的风险模型，合伙人中还有著名的诺贝尔经济学奖得主罗伯特·默顿和迈伦·斯科尔斯。该公司在错误的估价基础上建立了庞大的头寸，依赖模型来控制其风险敞口。1997 年亚洲金融危机爆发，基金经理们增加了头寸，对模型信心满满。后来，公司倒闭清算，其实也是 10 年之后大危机的先兆。

在银行中，与伊拉克战争的案例相似，证据和模型都是为了证实已经被断言为真实的东西，而不是用于检验判断的有效性。在两个案例中，人们表现出来的深思熟虑掩盖了实际行动的粗糙直接。

迁回地解决问题可不是富兰克林决策规则的反面，不是缺乏理性，恰恰相反。迁回不代表停止思考目标，不检验各种选择，不搜寻信息并尽我们所能理解我们所面对的复杂系统。迁回地解决问题就是开始并持续行动。替代"理性"方案中的定义目标、评估选择、模拟结果，迁回解决问题要从现实的理由和证据出发。

贝克汉姆在关键时刻射门得分，专家们判定盖蒂青年雕像是赝品，毕加索用寥寥几笔刻画出一只公鸡，这些都是受过严格训练、技能娴熟的专业人士经过深思熟虑做出的。他们非常明确自己在做什么，即使没人能很好地解释原因或者阐明该动作对他们的高层目标有何意义。当然，回想起来，我们更了解他们的行为（他们自己可能也是如此）。但如果将这些动作都归为"直觉"则没有抓住问题的核心。业余足球运动员踢不出那记进球，博物馆的游客给不出那个精准的判断，只能利用闲暇时间作画的人画不出那只公鸡。这些动作以证据和评估为基础，而且可以在专业人士的实践中屡屡成功。实践越多，判断越准。

在伊拉克战争爆发后，我一直尝试形成自己的观点。这个问题对我来说太宽泛，影响面太广，可获得的信息比较有限。事后看来，我认为形成观点的方式就是："我不信任决策者的判断，以及他们处理事情后果的能力。"这可能会带来正确的结论，而且有正确的理由。

以"我信任他"或"我不信任他"作为决策基础并没有错。找到信任的人或者与合适的人建立信任关系是实现权力下放最有效，有时也是唯一有效的方式，这是大型组织中实现高层目标必须采用的方法。成功的去中心化依赖于将高层目标传递下去，而不是仅仅把中间目标和具体行动布置给负责人。这不同于"委托－代理模型"，这种模型把社会组织视为机械性系统，代理人只对奖励机制内的激励做出反应。

如果对高层目标的认识足够清楚，对实现这些目标所依赖的系统有足够的了解，你就可以直接解决问题。但是，目标往往是模糊的，互动往往是不可预测的，复杂性广泛存在，问题描述无法精准，环境充满不确定性。这就是迂回发挥作用的地方。

将愤怒、公平感、嫉妒、爱意等作为决策动机并没有错，我们不必为此感到抱歉。这些感觉传递出了与决策相关的信息，忽视其存在或者完全以其为决策基础都是错误的。同理，以模型为决策基础、以富兰克林的利弊清单为决策基础，也是错误的。好的决策是迂回的，需要反复实验，新的信息会出现，需要不断调整适应。而且很多信息就来自决策过程本身。

只有傲慢的人才会相信自己能规划出一座城市，只有缺乏想象力的人才会有这样的意愿。无论是发动伊拉克战争的人还是导致信贷危机的银行家，都不仅狂妄自负，而且思维僵化。智慧且思维活跃的人有时也会采用直接的解决方案，但那是因为他们了解直接策略所适用的问题。

当复杂的系统在不确定的环境中不断发展时，当我们行动的效果取决于其他人的反应时，迂回总是最佳策略。"胡萝卜加大棒"的激励机制当然可以发挥作用，但前提条件是已经明确了激励对象以及该对象要完成的任务。在环境稳定、目标单一透明且可量化的时候，直接策略是可行的。可见，直接方案的可行性有着严格的前提条件。

巴尔沃亚首次完成了欧洲人穿越美洲的壮举。而最近一次穿越壮举应该是连接多伦多和温哥华的加拿大太平洋铁路，这条铁路大约3 000英里。当时，铁路建造工程遇到了落基山脉最难穿透的塞尔扣克山。铁路公司发现绕道的成本十分高昂，于是以5 000美元奖金和冠名权来寻找通路方案。这个胡萝卜带来了预期效果，也就是最终命名为"罗杰峡道"的铁路线。提出这个方案的阿尔伯特·鲍曼·罗杰斯设计出的也是一条迂回的路线：罗杰峡道与巴拿马运河差不多平行，在向西穿越加拿大的时候，往东南前进一段才是完成旅程的最佳路线。

如果你沿着跨加拿大高速公路穿越加拿大也是这样。罗杰峡道建成后，为了保证铁路在这个每年大量积雪的地区正常运行，20年后，铁路公司开凿了一条穿过马克唐纳山的隧道，笔直如箭。有时候，迂回的道路也会让我们找到更直接的方案。

致 谢

————

　　本书的雏形是 2004 年 1 月 17 日《金融时报》上发表的"Obliquity"一文。Profile Books 出版公司的丹尼尔·克鲁提议我将文中的观点进一步展开论述，他的执着与后期的编辑工作让本书得以出版。书中的想法起源于 2002 年至 2003 年我与经济学家杰里米·哈迪的多次讨论，谢谢他的帮助。同时我要感谢亚当·里德利、默文·金以及埃德·史密斯对书稿提出的建议。约翰娜·德桑蒂斯在我的研究中提供了高效且细致的协助。初稿到终稿的写作过程得益于乔·查林顿的帮助。我对他们表示由衷的感谢。

参考文献

在《间接思考的艺术》一书中，我借鉴的很多思想延续了数千年。首先要特别感谢罗伯特·所罗门，其著作《伦理与卓越》让我摆脱了束缚经济学家的信条，即所有事情都是"最大化问题"。所罗门让我认识到，对于出现了债务抵押债券问题的世界，亚里士多德可能早有预见。（他在《政治学》中说，"在获取财富的行动中没有限制，那就是虚假的财富"。）所罗门还让我认识了阿拉斯代尔·麦金泰尔，他身处那个世界且对其充满鄙夷。另外，我还要感谢詹姆斯·斯科特，其著作《国家的视角》带来了现代主义遭到挫败的丰富案例。我在本书中有大量引用。

"我们的所知超出了我们的所言"，这句格言是迂回概念的基础，也概括了迈克尔·波兰尼对隐性知识的阐述，很多人有过类似的想法却未能如此精确地表达出来。理查德·桑内特的《匠人》一书表达了与本书相似的主题，尽管出发点截然不同。

通过阅读马特·里德利的《美德的起源》，我第一次感受到进化思维在理解社会与经济制度方面的力量。肯·宾默尔与赫伯特·金迪斯则从经济学家的视角对相似主题进行了探讨。对象征理性思维的富兰克林决策规则的质疑来自多个领域，其中就包括格尔德·吉仁泽所领导的决策研究项目。

正如我在文中所说，行为经济学家往往认为，理性的失败是行为的问题而不是模型的问题。丹尼尔·卡尼曼与阿莫斯·特沃斯基的工作改变了我和很多人对行为经济学的认知。他们的工作表明，经济学家开始观察实际的行为，并将其纳入模型，而不是将所谓的正确模式强加于研究对象。这是一个很大的转变，我希望本书能够在这个方向上再推进一小步。

Ansoff, H. I., *Corporate Strategy,* Harmondsworth, Penguin, 1985

Ariely, D., *Predictably Irrational,* London, Harper Collins, 2008

Aristotle, *Nicomachean Ethics,* Cambridge, Cambridge University Press, ed. 2000.

Aristotle, *The Politics,* London, Penguin, ed. 1992

Arrow, K. J., and F. H. Hahn, *General Competitive Analysis,* Amsterdam, North Holland Publishing, 1971

Auletta, K., *Greed and Glory on Wall Street: The Fall of the House of Lehman,* Hardmondsworth, Penguin Books, 1986

Bar-Eli, M., S. Avugosa and M. Raab, 'Twenty years of "hot hand" research: review and critique', *Psychology of Sport and Exercise,* vol. 7, no. 6, 2006

Barkow, J. H., L. Cosmides and J. Tooby, *The Adapted Mind: Evolutionary Psychology and the Generation of Culture,* New York, Oxford University Press, 1992

Barr, A. J., *Picasso: Fifty Years of His Art,* New York, Museum of Modern Art, 1946

Becker, G., and K. Murphy, 'A theory of rational addiction', *Journal of Political Economy,* vol. 96, no. 4, 1988, pp. 675–700

Berlin, I., *The Fox and the Hedgehog – An Essay on Tolstoy's View of History,* London, Weidenfeld & Nicolson, 1953

Berlin, I., *Four Essays on Liberty,* London, Oxford University Press, 1969

Berlin, I., 'My intellectual path', *New York Review of Books,* vol. XLV, no. 8, 1998

Bevan, J., *The Rise and Fall of Marks and Spencer: And How it Rose Again,* London, Profile Books, 2001

Bilefsky, D., and A. Raghavan, 'How ABB tumbled back down to Earth', *Wall Street Journal (Europe),* 23 January 2003

Binmore, K., *Game Theory and the Social Contract*, vol. 1, 1994, *Playing Fair*, vol. 2, 1998, *Just Playing*, Cambridge, MA, MIT Press

Blastland, M., and A. Dilnot, *The Tiger That Isn't: Seeing Through a World of Numbers*, London, Profile, 2007

Borges, J. L., *A Universal History of Infamy*, Harmondsworth, Penguin, 1975

Brand, P., and P. Yancey, *The Gift of Pain: Why We Hurt and What We Can Do About It*, Grand Rapids, MI, Zondervan Publishing House, 1997

Brickman, P., Coates, D. and R. Janoff-Bulman, 'Lottery winners and accident victims: is happiness relative?', *Journal of Personality and Social Psychology*, vol. 36, no. 8, 1978, pp. 917–27

Bruck, C., *The Predators' Ball: The Inside Story of Drexel Burnham and the Rise of the Junk Bond Raider*, London, Penguin, 1989

Byrne, J. A., *The Whiz Kids: The Founding Fathers of American Business – and the Legacy They Left Us*, New York, Bantam Doubleday Dell Publishing, 1993

Cahoone, L. E. (ed.), *From Modernism to Postmodernism: An Anthology*, Wiley-Blackwell, 2003

Carnegie, A., *The Gospel of Wealth and Other Timely Essays* (1889), ed. E. C. Kirkland, Cambridge, MA, Belknap Harvard University Press, 1962

Caro, R. A., *The Power Broker – Robert Moses and the Fall of New York*, New York, Vintage Books, 1975

Caro, R. A., *The Years of Lyndon Johnson*, London, Bodley Head, 1990

Carré, M., T. Asai, T. Akatsuka and S. J. Haake, (a) 'The curve kick of a football I: impact with the foot', *Sports Engineering*, vol. 5, no. 4, 2002

Carré, M., T. Asai, T. Akatsuka and S. J. Haake, (b) 'The curve kick of a football II: flight through the air', *Sports Engineering*, vol. 5, no. 4, 2002

Chamberlain, N., 'Peace in our time' speech, House of Commons, 30 September 1938

Chernow, R., *Titan: The Life of John D. Rockefeller, Sr.*, London, Little, Brown and Co., 1998

Christensen, C. R., J. W. Rosenblum and C. B. Weigle, *Prelude Corporation*, Harvard Business School Case Studies, 1 August 1972

Churchill, W., 'Upon the death of Neville Chamberlain', House of Commons, 12 November 1940

Clark, R. W., *Benjamin Franklin – A Biography*, London, Weidenfeld & Nicolson, 1983

Collins, J., *Good to Great*, London, Random House Business Books, 1994

Collins, J., *How the Mighty Fall*, London, Random House Business Books, 2009

Collins, J., and J. Porras, *Built to Last: Successful Habits of Visionary Companies*, London, Random House Business Books, 2000

Conniff, R., *The Natural History of the Rich*, New York, Norton, 2002

Conrad, J., *Typhoon and Other Stories*, London, William Heinemann Ltd, 1903

Cornford, F. M., *Microcosmographia Academica*, Cambridge, Bowes & Bowes Publishers, 1908

Csikszentmihalyi, M., *Flow: The Psychology of Optimal Experience*, New York, Harper Perennial, 1990

Csikszentmihalyi, M., *Living Well*, London, Weidenfeld & Nicolson, 1997

Cullerne Brown, M., *Art under Stalin*, Oxford, Phaidon, 1991

Cunningham, L. A. , *The Essays of Warren Buffett: Lessons for Investors and Managers*, Singapore, John Wiley & Sons Inc., 2002

Damasio, A., *Descartes' Error: Emotion, Reason, and the Human Brain, New York*, Quill Harper Collins, 2000

Darwin, C., *The Autobiography of Charles Darwin*, ed. N. Barlow, London, Collins, 1958

Dawkins, R., *The Blind Watchmaker*, Harlow, Essex, Longman Scientific & Technical, 1986

Dawkins, R., *The Selfish Gene*, Oxford, Oxford University Press, 1989

Dickinson, E., *Emily Dickinson*, ed. L. Dickey (Laurel Poetry Series), New York, Dell Publishing, 1960

Dolnick , E., *The Forger's Spell: A True Story of Vermeer, Nazis, and the Greatest Art Hoax of the Twentieth Century*, New York, HarperCollins,

2008

Dreyfus, H. L., *What Computers Still Can't Do,* Cambridge, MA, MIT Press, 1992

Dunlap, A. J., with B. Andelman, *Mean Business: How I Save Bad Companies and Make Good Companies Great,* New York, Fireside, 1996

Durham, W. H., *Coevolution: Genes, Culture, and Human Diversity,* Stanford, CA, Stanford University Press, 1991

Edmonds, D., and J. Eidinow, *Bobby Fischer Goes to War,* London, Faber & Faber, 2004

Elster, J., *Ulysses Unbound,* Cambridge, Cambridge University Press, 2000

Ferguson, A., *An Essay on the History of Civil Society* (1767), Edinburgh, Edinburgh University Press, 1966

Fitzgerald, F. S., 'The crack-up', *Esquire,* February 1936

Fortune International, 'Top 100 most admired companies', various years

Foster, R., *Modern Ireland,* London, Penguin, 1989

Foster, R., *The Irish Story: Telling Tales and Making It Up in Ireland,* London, Allen Lane, 2001

Franklin, B., *The Autobiography of Benjamin Franklin* (1791), New Haven, Yale University Press, 1964

Frey, B. S., and A. Stutzer, *Happiness and Economics: How the Economy and Institutions Affect Human Well-Being,* Princeton, Princeton University Press, 2002

Fukuyama, F., *The End of History and the Last Man,* London, Free Press, 1992

Fukuyama, F., *America at the Crossroads: Democracy, Power and the Neoconservative Legacy,* New Haven, Yale University Press, 2006

Fukuyama, F., D. Coats and R. Janoff-Bulman, 'The end of history', *National Interest,* no. 15, Summer 1989

Gale, J., K. G. Binmore and L. Samuelson, 'Learning to be imperfect: the ultimatum game', *Games and Economic Behavior,* vol. 8, no. 1, 1995

Gardner, C., with Q. Troupe, *The Pursuit of Happyness,* New York, Amistad, 2006

Gardner, H., (ed.), *The New Oxford Book of English Verse, 1250–1950*, Oxford, Oxford University Press, 1972

Gigerenzer, G., *et al.*, *Simple Heuristics That Make Us Smart*, New York, Oxford University Press, 1999

Gilovich, T., R. Vallone and A. Tversky, 'The hot hand in basketball: on the misperception of random sequences', *Cognitive Psychology*, no. 17, 1985

Gintis, H., *Game Theory Evolving*, 2nd edition, Princeton, NJ, Princeton University Press, 2009

Gladwell, M., *Blink!*, London, Allen Lane, 2005

Gombrich, Ernst H., *The Story of Art*, Oxford, Phaidon Press, 1978

Goodhart, C. A. E., 'Monetary relationships: a view from Threadneedle Street', *Papers in Monetary Economics*, Reserve Bank of Australia, vol. 1, 1975

Graham, B., and D. Dodd, *Security Analysis*, New York, McGraw Hill, 1951

Guerrera, F., 'Welch condemns share price focus', *Financial Times*, 13 March 2009.

Haidt, J., *The Happiness Hypothesis*, London, Arrow Books, 2006

Halberstam, D., *The Reckoning* , London, Bloomsbury, 1987

Hamermesh, R. G., *Making Strategy Work*, New York, John Wiley & Sons Inc., 1986

Hammer, M., and J. Champy, *Reengineering the Corporation: A Manifesto for Business Revolution*, London, Nicholas Brearley Publishing, 1995

Hammond, J. S., R. L. Keeny and H. Raiffa, 'Even swaps – a rational method for making trade offs', *Harvard Business Review*, vol. 76, no. 2, March–April 1998, pp. 137–50

Hawkes, J. G,, and J. Francisco-Ortega, 'The early history of the potato in Europe', *Euphytica*, vol. 70, no. 1–2 , January 1993

Hayek, F. von, *Law, Legislation and Liberty*, vol. 1, *Rules and Order*, Chicago, University of Chicago Press, 1973

Highfield, R., 'The mind-bending genius of Beckham', *Daily Telegraph*, 21 May 2002

Hinz, B., *Art in the Third Reich*, Oxford, Blackwell, 1980

HM Treasury, *Microeconomic Reform in Britain: Delivering Opportunities for All,* ed. E. Balls, G. O'Donnell and J. Grice, Houndmills, Basingstoke, Palgrave Macmillan, 2004

Horton, J., and S. Mendus, *After MacIntyre: Critical Perspectives on the Work of Alasdair MacIntyre,* Cambridge, Polity, 1994

House of Representatives, Committee on Oversight and Government Reform, *Transcript of Hearing (Richard Fuld)*, House of Representatives, Office of the Clerk, 6 October 2008

Hume, D., *Essays – Moral, Political, Literary* (1777), ed. E. F. Miller, Indianapolis, Liberty Classics, 1985

Hutton, W., *The World We're In,* London, Little, Brown, 2002

Huxley, A., *Brave New World*, London, Chatto and Windus, 1932

ICI, Annual Reports, 1990, 1997

Jacobs, J., *The Death and Life of Great American Cities,* Harmondsworth, Penguin, 1965

Jencks, C., *The Language of Post-Modern Architecture,* London, Academy Editions, 1984

Jenkins, R., *Churchill*, London, Macmillan, 2001. Pan edition, p. 613

JP Morgan, Reuters, *RiskMetrics – Technical Document*, 4th edition, New York, Morgan Guaranty Trust Company of New York, 1996

Kahneman, D., E. Diener and N. Schwarz, *Well-being: the Foundations of Hedonic Psychology,* New York, Russell Sage Foundation, 2001

Kahneman, D., and A. Tversky, 'Prospect theory: An analysis of decisions under risk', *Econometrica*, no. 47, 1979

Kaplan, R. S., and D. P. Norton, *The Balanced Scorecard: Translating Strategy into Action*, Boston, MA, Harvard Business School Press, 1996

Kay, J., *The Truth about Markets*, London, Penguin Allen Lane, 2003

Kay, J., J. Edwards and C. P. Mayer, *The Economic Analysis of Accounting Profitability*, Oxford, Oxford University Press, 1987

Keats, J., *Poems by John Keats*, London, Methuen & Co., n.d.

Kelvin, Lord, *Popular Lectures and Addresses* (vol. 1), London, Macmillan & Co., 1891

Kets de Vries, M., 'Leaders who make a difference', *European Management Journal*, vol. 14, no. 5, October 1996

Keynes, J. M., *The Collected Writings of John Maynard Keynes,* vol. X, London, Macmillan Press, 1972

Kilgore, B. M., 'Origin and history of wildland fire use in the U.S. National Park System', *The George Wright Forum,* vol. 24, no. 3, 2007

Kiple, K. F., and K. Coneè Ornelas (eds), *Cambridge World History of Food,* vol. 1, Cambridge, Cambridge University Press, 2000

Klein, G., *Sources of Power: How People Make Decisions,* Cambridge, MA, MIT Press, 1998

Langley, M., *Tearing Down the Walls,* New York, Simon & Schuster, 2003

Layard, R., *Happiness – Lessons from a New Science,* London, Allen Lane, 2005

Le Corbusier, *The Radiant City,* London, Faber & Faber, 1964

Le Corbusier, *Toward a New Architecture,* London, The Architectural Press, 1982

Lenin, V. I., *Essential Works of Lenin: 'What Is to Be Done?'* (1902), New York, Dover Publications,1987

Levitt, T., 'Marketing myopia', *Harvard Business Review*, vol. 38, no. 4, July–August, 1960

Lewis, M., *Liar's Poker: Two Cities, True Greed,* London, Hodder & Stoughton, 1989

Lindblom, C., 'The science of "muddling through"', *Public Administration Review,* vol. 19, no. 2, 1959

Lindblom, C., 'Still muddling, not yet through', *Public Administration Review,* vol. 39, no. 6, 1979

Loewenstein, G., 'Because it is there: the challenge of mountaineering … for utility theory', *Kyklos International Review for Social Sciences,* vol. 52, no. 3, 1999

Loewenstein, R., *Buffett: the Making of an American Capitalist,* New York, Broadway Books, 1995

Lopez, J., *The Man Who Made Vermeers: Unvarnishing the Legend of Master Forger Han van Meegeren,* New York, Mariner Books, 2008

MacIntyre, A., *After Virtue – a Study in Moral Theory,* 2nd edition, London, Gerald Duckworth & Co., 1994

McNamara, R. S., with B. VanDeMark, *In Retrospect – The Tragedy* *and Lessons of Vietnam,* New York, Vintage , 1996

Malabre, A. L., *Lost Prophets: An Insider's History of Modern Economists,* Boston MA, Harvard Business School Press, 1994

Markon, J., and R. Merle, 'Ex-Boeing CFO pleads guilty in Druyun case', *Washington Post,* 16 November 2004

Marks & Spencer, *Annual Report,* 1998

Messner, R., *The Crystal Horizon: Everest – the First Solo Ascent,* Ramsbury, Wiltshire, Crowood Press, 1989

Meyer, M., 'From a champ to a chump', *Newsweek,* 26 July 1993

Mill, J. S., *Autobiography* (1873), London, Penguin, 1989

Mill, J. S., *Utilitarianism* (1863), Charleston, BiblioBazaar, 2008

Mintzberg, H., *The Rise and Fall of Strategic Planning,* Hemel Hempstead, Prentice Hall, 1994

Morita, A., *Made in Japan,* London, Collins, 1987

Morris, A. E. J., *History of the Urban from before the Industrial Revolutions,* 3rd edition, New York, Longman Scientific and Technical, 1994

Myers, D. G., *The Pursuit of Happiness – Who Is Happy and Why?,* London, Aquarian Press, 1993

Nakamoto, M., and D. Wighton, 'Citigroup chief stays bullish on buy-outs', *Financial Times,* 10 July 2007

Nettle, D., *Happiness – The Science behind Your Smile,* Oxford, Oxford University Press, 2005

New York Times, 'Climbing Mount Everest is work of supermen', 18 March 1923

Nocera, J., 'Risk management', *New York Times,* 4 January 2009

Nozick, R., *Anarchy, State and Utopia,* Oxford, Blackwell Publishers, 1995

Paley, W., *Natural Theology* (1802), Weybridge, Hamilton, n.d.

Pandolfini, B., *Kasparov and Deep Blue: The Historic Chess Match between Man and Machine,* New York, Simon & Schuster, 1997

Pascale, R. T., 'Perspectives on strategy: the real story behind Honda's success', *California Management Review,* vol. 26, no. 3, 1984

Plutarch, *Plutarch's Lives,* London, William Heinemann, 1948

Polanyi, M., *The Tacit Dimension*, Gloucester, MA, Peter Smith, 1983

Porter, M. E., and K. Schwab, *The Global Competitiveness Report 2008–2009*, Geneva, World Economic Forum, 2008

Quiller-Couch, A. (ed.), *The Oxford Book of English Verse 1250–1918* (1919), Oxford, Clarendon Press, 1961

Ricks, C. (ed.), *The Oxford Book of English Verse*, Oxford, Oxford University Press, 1999

Ridley, M., *Origins of Virtue*, London, Penguin Science, 1998

Roosevelt, F. D., *Looking Forward*, London, William Heinemann Ltd, 1933

Rosenzweig, P., *The Halo Effect*, New York, Free Press, 2007

Rosenzweig, P., 'What do we think happened at ABB? Pitfalls in research about firm performance', *International Journal of Management and Decision Making*, vol. 5, no. 4, 2004

Rotella, B., with B. Cullen, *Golf Is Not a Game of Perfect*, London, Pocket Books, 2004

Ryan, R., and E. Deci, 'On happiness and human potential', *Annual Review of Psychology*, vol. 52, 2001

Ryff, C. D., 'Happiness is everything, or is it?', *Journal of Personality and Social Psychology*, vol. 57, no. 6, 1989

Saint Gobain, *Annual Report 2008*, Courbevoie, Saint Gobain, 2008

Samuelson, P., *Foundations of Economic Analysis*, Cambridge, MA, Harvard University Press, 1947

Samuelson, P., 'Altruism as a problem involving group versus individual selection in economics and biology', *American Economic Review*, vol. 83, no. 2, May 1998

Schroder, A., *The Snowball: Warren Buffett and the Business of Life*, London, Bloomsbury, 2008

Scott, J., *Seeing Like a State*, New Haven, CT, Yale University Press, 1999

Securities and Exchange Commission, Enforcement Proceedings, *SEC News Digest*, Issue 2002–171, 4 September 2002

Sen, A., 'Internal consistency of choice', *Econometrica*, vol. 61, no. 3, May 1993.

Sennett, R., *The Craftsman*, London, Allen Lane, 2008

Shiva Kumar, A. K., and S. Fukuda-Parr (eds), *Handbook of Human Development – Concepts, Measures, and Policies*, India, Oxford University Press, 2009

Sieff, I. M., *Memoirs*, London, Weidenfeld & Nicolson, 1970

Simon, H. A., and A. Newell, 'Heuristic problem solving – the next advance in operations research', *Operations Research,* vol. 6, no. 1, January–February 1958

Singh, S., *Fermat's Last Theorem*, London, Fourth Estate, 1997

Smith, A., *An Inquiry into the Nature and Causes of the Wealth of Nations* (1776), abridged with commentary, Indianapolis/Cambridge, Hackett Publishing, 1993

Smith, E., *What Sport Tells Us about Life*, London, Penguin, 2008

Sobel, R., *The Rise and Fall of the Conglomerate Kings,* New York, Stein and Day, 1984

Solomon, R. C., *Ethics and Excellence*, New York, Oxford University Press, 1994 (new edition)

Soros, G., *The Alchemy of Finance*, Hoboken, New Jersey, John Wiley & Sons Inc., 2003

Sparkes, B., and S. T. Moore, *Hetty Green: A Woman Who Loved Money*, London, William Heinemann, 1930

Stern, C. W., and G. Stalk (eds), *Perspectives on Strategy: from the Boston Consulting Group*, New York, John Wiley, 1998

Stewart, J. B., *Den of Thieves,* New York, Simon & Schuster, 1991

Stork, D. G. (ed.), *Hal's Legacy: 2001's Computer as a Dream and Reality*, Cambridge, MA, MIT, 1997

Strauss, M. B., *Familiar Medical Quotations*, London, J. & A. Churchill, 1968

Sunstein, C. R., *Legal Reasoning and Political Conflict,* Oxford, Oxford University Press, 1996

Taleb, N. N., *Fooled by Randomness*, New York, Texere, 2001

Tetlock, P. E., *Expert Political Judgment: How Good Is It? How Can We Know?*, Princeton, Princeton University Press, 2005

Tolstoy, L., *War and Peace* (1869), Ware, Hertfordshire, Wordsworth Editions, 1993

Tomlinson, R., and P. Hjelt, 'Dethroning Percy Barnevik', *Fortune*

International (Europe), vol. 145, no. 7, 1 April 2002

Trump, D. J., with T. Schwartz, *Trump: The Art of the Deal*, New York, Warner Books, 1987

Tucker, S. C. (ed.), *Encyclopedia of the Vietnam War*, Santa Barbara, CA, ABC-CLIO, 1998

Tversky, A., and D. Kahneman, 'Belief in the law of small numbers', *Psychological Bulletin*, no. 76, 1971

Tversky, A., and D. Kahneman, 'The framing of decisions and the psychology of choice', *Science*, no. 211, 1981

UNDP (United Nations Development Programme), *Human Development Report*, New York, Palgrave Macmillan, various years

US National Park Service, *The Yellowstone Fires of 1988*, 2008

Vasari, G., *Lives of the Painters, Sculptors, and Architects*, vol. I, London, George Bell & Sons, 1878

Walton, Sam, with J. Huey, *Made in America: My Story*, New York, Bantam, 1993

Welch, J., 'Jack Welch elaborates: shareholder value', *Business Week*, 16 March 2009

Welch, J., with J. A. Byrne, *Jack: Straight from the Gut*, London, Headline, 2003

Weston, R., *Modernism*, London, Phaidon Press, 1996

Whately, E. J., *Life and Correspondence of Richard Whately D.D,.* vol. II, London, Longmans, Green and Co., 1866

Whitman, W., 'Song of Myself' in *Leaves of Grass* (1855), Hertfordshire, Wordsworth Editions, 2006

Wilde, O., *The Picture of Dorian Gray* (1890), Mineola, NY, Dover Publications, 1993

Wilke, A., and H. C. Barrett, 'The hot hand phenomenon as a cognitive adaptation to clumped resources', *Evolution and Human Behaviour*, vol. 30, no. 3, 2009

W.S.M., **'The origin of our Potato'**, *Nature*, 6 May 1886

Zumbach, G., *A Gentle Introduction to the RM 2006 Methodology*, RiskMetrics Working Paper, September 2006

注 释

———

1 Franklin (1791), ed. 1964, p. 88.

2 Ariely, 2008.

3 Mill (1873), ed. 1989, p. 117.

4 Collins and Porras, 2000, p. 8.

5 Smith (1776), ed. 1993, p. 130.

6 Dickinson, 1960, p. 107.

7 John Keats, 'On first looking into Chapman's Homer'.

8 Weston, 1996.

9 Jencks, 1984, p. 9.

10 Le Corbusier, 1982, p. 10.

11 Marseille's *Unité d'habitation*, also known as *La cité radieuse*, was built in 1947–52 and combined Le Corbusier's vision of communal living with the needs of postwar France for social housing.

12 Hammer and Champy, 1995, p. 31.

13 Lenin (1902), ed. 1987.

14 Le Corbusier, 1964, p. 154.

15 Messner, 1989, p. 244.

16 *New York Times*, 18 March 1923.

17 Csikszentmihalyi, 1997, pp. 28–9.

18 For surveys of evidence on sources of happiness, see e.g. Nettle, 2005; Layard, 2005; Myers, 1993; Haidt, 2006.

19 Csikszentmihalyi, 1990; Nettle, 2005.

20 Huxley, 1932.

21 Nozick, 1995, pp. 42–5.

22 Wilde (1890), ed.1993, p. 79.

23 *The Pursuit of Happyness* (2006), director Gabriele Muccino, writer Steve Conrad, Columbia Pictures.

24 Gardner, 2006.

25 Nettle, 2005; Layard, 2005.

26 *ICI Annual Report*, 1990.

27 *ICI Annual Report*, 1997.

28 Collins and Porras, 2000, p. 81.

29 ibid., p. 81.

30 Quoted in Hutton, 2002, p. 131.

31 *Business Week*, 7 April 1998, quoted in Hutton, 2002.

32 *Washington Post*, 14 November 2004.

33 George Merck II, speech to Medical College of Virginia, 1 December 1950, quoted in Collins and Porras, 2000, p. 48.

34 *Forbes*, 15 December 1962, quoted in Collins and Porras, 2000, p. 49.

35 Collins, 2009, p. 50.

36 *Fortune International*, various years.

37 Robert Johnson in 1943. http://www.jnj.com/connect/about-jnj/jnj-credo

38 Morita, 1987, pp. 147–8.

39 Langley, 2003, pp. 324–5.

40 ibid.

41 *Financial Times*, 10 July 2007.

42 Horton and Mendus, 1994, p. 285.

43 Christensen *et al.*, 1972.

44 Horton and Mendus, 1994, p. 285.

45 *Financial Times*, 13 March 2009.

46 *Business Week*, 16 March 2009.

47 Chernow, 1998, p. 153.

48 Carnegie (1889), ed. 1962, p. 29.

49 Walton, with Huey, 1993, p. 298.

50 Trump, with Schwartz, 1987, p. 1.

51 Mill (1873), ed. 1989, p. 117.

52 Conniff, 2002, p. 102.

53 Sparkes and Moore, 1930.

54 Aristotle, ed. 1992, Book I, Chapter XI.

55 Dunlap, with Andelman, 1996, p. xii.

56 Securities and Exchange Commission, 2002.

57 Quoted in Stewart, 1991, p. 223.

58 Lewis, 1989.

59 Bruck, 1989.

60 House of Representatives, 6 October 2008.

61 Auletta, 1986, p. 235.

62 Lehman was at that time rescued by American Express, which floated the firm in 1994 ahead of its final collapse in 2008.

63 Plutarch, ed. 1948, p. 483.

64 Nettle, 2005, p. 18.

65 See for example, Ryff, 1989; Kahneman, D., 'Objective happiness', in Kahneman *et al.*, 2001.

66 *Business Week*, 16 March 2009.

67 Smith, E., 2008.

68 Rotella, with Cullen, 2004.

69 Vasari, ed. 1878, p. 431.

70 Gombrich, 1978, p. 8.

71 Picasso to Marius de Zaya in *Arts*, May 1923, in Barr, 1946, p. 270.

72 Singh, 1997.

73 US National Park Services, 2008.

74 Kilgore, 2007.

75 Le Corbusier, 1964, p.154.

76 Caro, 1975, p. 11.

77 Jacobs, 1965, p. 350.

78 Louis Pasteur, 1854, in Strauss, 1968, p. 108.

79 Lindblom, 1959, pp. 79–88.

80 Ansoff, 1985, p. 41.

81 ibid., p. 10.

82 ibid, p. 312.

83 Robert Heller, in Ansoff, 1985, p. 360.

84 Ansoff, 1985, pp. 326–7.

85 Saint Gobain, 2008.

86 Lindblom, 1979, pp. 517–26.

87 Sunstein, 1996, chapter 2.

88 *Dead Poets Society* (1989), director Peter Weir, writer Tom Schulman, Touchstone Pictures.

89 Dr H. Igor Ansoff was a real person – he died in 2002. Dr J. Evans Pritchard is not.

90 Gardner (ed.), 1972.

91 HM Treasury, 2004.

92 'I often say that when you can measure what you are speaking about, and express it in numbers, you know something about it; but when you cannot measure it, when you cannot express it in numbers, your knowledge is of a meagre and unsatisfactory kind.' Lord Kelvin's Lecture on 'Electrical Units of Measurement', 1883 in Kelvin, 1891, p. 73.

93 UNDP, various years (http://hdr.undp.org)

94 derived from UN HDI website

L is life expectancy at birth

R is adult literacy rate (per cent)

E is gross enrolment index (combined primary, secondary and tertiary gross enrolment)

G is GDP per capita at purchasing power parity.

95 Aristotle, ed. 2000, Book X, Chapter IV.

96 Kay *et al.*, 1987.

97 Berlin, 1969 and 1998.

98 Berlin, 1969.

99 Gardner, H. (ed.), 1972, p. v.

100 Lopez, J., 2008.

101 Cullerne Brown, 1991; Hinz, 1980.

102 Bevan, 2001, p. 33; Sieff, 1970, pp. 157–8.

103 In 1998 Marks and Spencer reported record margins and profits in excess of £1bn for the first – and only – time. Within a few months, sales and profits had fallen. In the following decade the company has experienced repeated restructuring and takeover rumours. (See *Marks & Spencer Annual Report*, 1998.)

104 Whately, 1866, p. 402.

105 The potato was probably introduced to Europe by the conquistadores. Although Raleigh established a colony in North America, it is debated whether he himself ever crossed the Atlantic; it is, however, possible that he planted the first potatoes in Ireland. (Kiple and Coneè Ornelas (eds), 2000; W.S.M., 1886; Hawkes and Francisco-Ortega, 1993.)

106 Foster, 1989 and 2001.

107 Blastland and Dilnot, 2007, pp. 76–7.

108 Goodhart, 1975.

109 Kaplan and Norton, 1996.

110 Simon and Newell, 1958, pp.1–10.

111 Dreyfus, 1992, p. 80.

112 Franklin to Priestley, 1772, in Clark, 1983, pp. 363–4.

113 Darwin and Barlow (ed.), 1958, pp. 231–3.

114 Franklin (1791), ed. 1964, p. 88.

115 Byrne, 1993.

116 Halberstam, 1987, p. 201.

117 Mintzberg, 1994, p. 103.

118 Hamermesh, 1986, p. 181.

119 Tucker (ed.), 1998.

120 Kenneth Spencer quoted in Byrne, 1993, p. 420.

121 Sobel, 1984, p. 47.

122 Pascale, 1984., p. 47.

123 ibid.

124 McNamara, 1996, pp. 321 and 339.

125 Quiller-Couch (ed.), 1919.

126 Ricks (ed.), 1999.

127 Levitt, 1960, pp. 45–56.

128 Stern and Stalk (eds), 1998.

129 For similar illusions, see http://www.planetperplex.com/en/item131

130 Borges, 1975, p. 131

131 Value-at-Risk is a group of related models that compute the 'maximum potential change in value' of a portfolio of assets under 'normal' market conditions. (See also: JP Morgan, 1996; Nocera, 2009.)

132 Pandolfini, 1997.

133 Stork (ed.), 1997, chapter 5.

134 Gale *et al.*, 1995, pp. 56–90.

135 *Newsweek*, 26 July 1993.

136 MacIntyre, 1994, p. 75.

137 Tolstoy (1869), ed. 1993, book X, chapters 27 and 28.

138 Carré *et al.*, 2002 (a & b).

139 See for example Gilovich *et al.*, 1985; Wilke and Barrett, 2009; Bar-Eli *et al.*, 2006.

140 Taleb, 2001.

141 Tolstoy (1869), ed. 1993, book X, chapters 27 and 28.
142 Kets de Vries, 1996, pp. 486–93.
143 Rosenzweig, 2007.
144 Rosenzweig, 2007 and 2004, *Wall Street Journal*, 23 Jan. 2003.
145 Chamberlain, 1938.
146 Churchill, 1940.
147 Collins, 2001, p. 83.
148 Jenkins, 2001, p. 613.
149 Caro, 1990.
150 Roosevelt, 1933, p. 51.
151 Cunningham, 2002, p. 124.
152 Soros, 2003, p. 309.
153 Berlin, 1953.
154 Tetlock, 2005, pp. 72–86.
155 Keynes, 1972, vol. X, p. 186.
156 Conrad, 1903, chapter 2.
157 ibid.
158 Paley (1802), ed. n.d., chapter 1.
159 Dawkins, 1986.
160 Dawkins, 1989.
161 Durham, 1991, chapter 5.
162 Brand and Yancey, 1997, p. 91.
163 Klein, 1998, p. 150.
164 Gladwell, 2005, pp. 3–8.
165 Polanyi, 1983, p. 4.
166 Arrow and Hahn, 1971, p. vii.
167 Byrne, 1993.
168 Hayek, 1973, p. 49.
169 ibid.
170 Ferguson (1767), ed. 1966, p. 122.
171 Hume (1777), ed. 1985, book II, chapter XII.
172 Samuelson, 1947.
173 Samuelson, 1998, pp. 143–8.
174 Cornford, 1908, chapter VII.
175 Whitman (1855), ed. 2006, p. 69.
176 Fitzgerald, 1936.
177 Soros, 2003, p. 37.